A Cura pelas Virtudes

UM REDIMENSIONAMENTO
DA SAÚDE E DA CURA

Dr. Helio Holperin

A Cura pelas Virtudes

UM REDIMENSIONAMENTO
DA SAÚDE E DA CURA

EDITORA PENSAMENTO
São Paulo

Copyright © 1999 Dr. Helio Holperin.

Os recursos gerados pelos direitos autorais
deste livro são doados para o trabalho
de grupos de serviço altruísta.

Edição	O primeiro número à esquerda indica a edição, ou reedição, desta obra. A primeira dezena à direita indica o ano em que esta edição, ou reedição, foi publicada.	Ano
2-3-4-5-6-7-8-9-10-11		00-01-02-03-04-05-06

Direitos reservados para a língua portuguesa
EDITORA PENSAMENTO LTDA.
Rua Dr. Mário Vicente, 374 – 04270-000 – São Paulo, SP
Fone: 272-1399 – Fax: 272-4770
E-mail: pensamento@cultrix.com.br
http://www.pensamento-cultrix.com.br

Impresso em nossas oficinas gráficas.

Este livro é dedicado a todos os que acreditam que qualquer vivência é uma oportunidade para ampliarmos nossa consciência e transformarmos nossas atitudes.

Sumário

Palavras Iniciais 9

Ao Leitor 11

Analogias 13

Reflexões 25

Atitudes e Correspondências Orgânicas 39

Casos Clínicos 67

Fatores Determinantes para o Desenvolvimento
das Doenças 85

Perguntas e Respostas 93

Palavras Iniciais

Há algum tempo nos dedicamos ao estudo da consciência humana. Encontramos em várias correntes filosóficas valioso material sobre o assunto. Depois de pesquisarmos durante certo período, percebemos que esse conhecimento seria muito útil, se aplicado em nosso trabalho.

O atendimento médico em homeopatia permite que conheçamos a intimidade das pessoas, o sofrimento delas. Percebemos que existe uma relação íntima entre a doença, que é um comportamento celular, e o comportamento humano, que é reflexo do nível de consciência de quem adoece. Observando casos clínicos durante quinze anos, desenvolvemos uma técnica que nos ajudou a aplicar os ensinamentos filosóficos de uma forma simples, que permite ao homem enfrentar seus conflitos com base na compreensão das Verdades Universais.

Essa técnica possibilita que cada um busque dentro de si as virtudes curativas. Essas virtudes podem ser encontradas e desenvolvidas por meio do sofrimento causado pelas doenças. Este livro é baseado nessa experiência.

Grande parte do material aqui desenvolvido é fruto do estímulo proporcionado por um grupo de estudos, do qual somos integrantes e ao qual gostaríamos de expressar a nossa gratidão.

Ao Leitor

No livro *A Vida Dentro de Nós*, desenvolvemos um estudo para mostrar como podemos aprender com a vida das células, com o comportamento delas, com seu objetivo de vida, sua ética. Vimos com detalhes que as células existem basicamente para servir, para satisfazer as necessidades do organismo e que não visam ao seu próprio interesse, pois têm consciência de que fazem parte de um único ser e que a vida de cada uma delas é fundamental para a sobrevivência de todas as outras.

Também esclarecemos que existe uma perfeita analogia entre a vida das células e a vida do ser humano. Percebemos que cada célula representa para o corpo o que cada indivíduo representa para o Corpo-Humanidade, entidade que é formada pela vida de todos os seres humanos. Concluímos, a partir dessa analogia, que devemos viver para suprir as necessidades de toda a humanidade, que somos todos parte de um único ser, que nos realizamos quando cada um de nós se realiza, que, se um componente sofre, todos nós sofremos proporcionalmente e que, portanto, nosso objetivo na vida é o serviço altruísta. Paralelamente, compreendemos que a doença ocorre quando essa atitude fraterna se corrompe, quando adotamos uma conduta egoísta, alheia às necessidades coletivas, e que o tipo de enfermidade desencadeada será correspondente à atitude equivocada praticada na vida.

Neste presente trabalho, teremos os seguintes objetivos:

1. Estimular reflexões a partir de outras analogias possíveis entre as células e a nossa vida, tendo sempre como meta a ampliação de nossa consciência.

2. Desenvolver um estudo que relaciona nossos tecidos e órgãos com o tipo de atitude que os leva a adoecer. Ao mesmo tempo, apontar a atitude oposta que pode curá-los.

3. Relatar casos clínicos atendidos por nós. Descrever a atitude das pessoas e a enfermidade causada por essa atitude.

4. Redimensionar o enfoque do processo de cura.

5. Responder perguntas que nos foram encaminhadas.

Analogias

Neste capítulo, procuraremos estudar algumas analogias possíveis entre a vida do corpo físico, das células, tecidos e órgãos, e a nossa vida. Já vimos que essa idéia é muito útil para nos conhecermos melhor, para entendermos melhor a existência, seus objetivos, seus desdobramentos, suas inter-relações. Quando observamos o cotidiano das células, podemos tomar ciência de nossas potencialidades, e de forma bem simples e objetiva. Temos um espelho dentro de nós. Essa conscientização é fundamental para que nos transformemos, é um requisito básico para a cura.

Todas as células são essenciais para o funcionamento do corpo, pois cada uma delas executa uma tarefa específica indispensável.

Todas as pessoas são essenciais para a sobrevivência da humanidade. Os seres que nunca vimos pessoalmente têm a mesma importância que os nossos entes mais queridos. Lembremos que nos alimentamos na cidade porque o lavrador, que possivelmente nunca conheceremos, está no campo plantando para nós. Essa é uma forma de entender a fraternidade.

As pessoas com quem convivemos no dia-a-dia são aquelas com quem compomos um grupo para executar tarefas específicas, tarefas de grupo. No corpo humano, a proximidade de células semelhantes e de mesmo potencial formam os órgãos. Como o homem é uma célula itinerante, ele pode formar vários grupos/órgãos diferentes, à medida que se encontra em lugares diferentes e conhece pessoas com potenciais diferentes. É importante que observemos o potencial do nosso grupo para identificar a tarefa que cabe a cada um de nós, tarefa esta que venha a contribuir para manter a harmonia da coletividade.

Podemos citar como exemplo um grupo de cidadãos que compõe um país desenvolvido. Observando o seu potencial — riqueza material — concluímos que a tarefa desse país seria a de socorrer outros grupos/países que venham a se encontrar em dificuldades financeiras.

Essa proposta pode parecer estranha em um mundo onde a competição é a mola-mestra. Porém, ela deixa de ser absurda quando reconhecemos que essa é a realidade da vida celular. Se no microcosmo isso é possível, no macrocosmo também é.

Algumas pessoas já perceberam essa filosofia e a praticam, porém, elas trabalham em silêncio, sem fazer alarde, uma vez que a humildade é fundamental, pois não existe uma tarefa mais importante que outra.

As células se agrupam em tecidos e em órgãos. Dentro de um órgão existem células iguais, ou seja, com idêntico potencial de serviço; e células diferentes, mas afins, ou seja, células que têm potencial para cooperar com o funcionamento desse órgão. O fato de células iguais estarem juntas no mesmo espaço físico potencializa muito mais a produção, do que se elas estivessem desempenhando a mesma tarefa em locais diferentes.

O rim tem como função principal a depuração do sangue. Ele tem células com potencial de filtragem, que se juntam, formando um filtro complexo. Tem também outras células que se unem e formam tubos coletores por onde passa o líquido filtrado, para posterior eliminação. Existem ainda outras células cuja função é detectar os níveis de alguns sais minerais na corrente sangüínea e secretar um determinado hormônio que impede a eliminação dos sais que estiverem em níveis reduzidos no sangue. Essas células executam, portanto, a tarefa de poupar nutrientes.

O grupo de indivíduos que estiver disposto a servir pode se utilizar desse inteligente mecanismo. As pessoas podem procurar outras que têm os mesmos potenciais, para estimular ainda mais sua produtividade em potencial, formando um complexo de serviço. Podem também procurar os que tenham potencial diferente, mas complementar, para dinamizar esse serviço. Em um grupo de pessoas, é importante que haja afinidade emocional e mental para que não surjam bloqueios na atividade produtiva. É notório o melhor funcionamento de um grupo cujos membros têm afinidade, em comparação a outro em que há incompatibilidade.

A afinidade entre as pessoas pode ser importante para o desenvolvimento do serviço altruísta em um grupo. É preciso esclarecer que a afinidade é fundamental para os membros do grupo que se propõe a servir, e não para o grupo que vai se beneficiar desse serviço. Neste grupo, as pessoas receberão a ajuda de acordo com suas necessidades.

Sabemos que as nossas células tendem a repetir de forma análoga as mesmas atitudes que adotamos. Um dia, presenciamos uma pessoa atirando restos de alimentos na rua, através da janela do próprio automóvel. Reconhecemos que esse é um procedimento considerado pouco grave pela maioria das pessoas, porém, repentinamente, compreendemos que essa atitude é uma das causas das doenças degenerativas. A atitude dessa pessoa estimula as suas células a também jogarem lixo pela "janela", em vez de processá-lo e colocá-lo em local apropriado. A "rua" dentro do corpo humano é o espaço entre as células, o chamado espaço intersticial. Lixo no espaço intersticial significa que substâncias tóxicas estão em um local em que podem afetar outras células. É claro que existe um sistema de recolhimento de resíduos orgânicos que providencia sua posterior eliminação pelos sistemas de excreção do corpo, mas não sabemos se o alcance desse sistema é total e se ele é capaz de recolher qualquer substância eliminada. Também não podemos nos esquecer de que a mesma atitude desarmoniosa que leva a pessoa a jogar dejetos na rua também prejudica o seu sistema excretor.

Assim como o lixo na rua pode se acumular e bloquear a drenagem das águas pluviais, o lixo intersticial acumulado também pode dificultar a passagem dos nutrientes para as células, prejudicando o funcionamento delas. A presença de substâncias tóxicas no interstício facilita o desenvolvimento de doenças degenerativas em qualquer órgão do corpo, como por exemplo, a cirrose hepática.

Essa mesma atitude — atirar resíduos em espaços inadequados — também é tomada sempre que adotamos uma atitude desordenada, seja com nosso corpo, nossas roupas ou com tudo o que está à nossa volta.

O funcionamento dos órgãos do corpo físico é regulado por um complexo mecanismo que os mantém dinamicamente equilibrados. Na verdade, os órgãos e suas células são, de uma forma geral, ora ativados, ora desativados, ora estimulados, ora desestimulados. Essa alternância é importante para que haja um controle eficiente das funções orgânicas. Tomemos como exemplo a glândula tireóide. Essa glândula produz um hormônio fundamental para a manutenção da vida orgânica, que é a tiroxina. Essa substância participa ativamente do metabolismo celular, isto é, ela estimula a produção das células, de uma forma geral. Portanto, sempre que é necessário aumentar a produção celular, a tiroxina é liberada no sangue e chega a todas as células.

O hipertireoidismo é uma doença da tireóide que se caracteriza pelo aumento exagerado da produção e da disponibilidade da tiroxina no sangue. O metabolismo aumenta de forma descontrolada, o que consome exageradamente as fontes de energia e os nutrientes em geral. O indivíduo emagrece, o apetite aumenta, a transpiração é abundante e ocorre excitação psíquica, entre outros sintomas. Já o hipotireoidismo é o contrário: nessa doença, a tiroxina diminui sem controle, o metabolismo decresce, o que causa aumento de peso, diminuição do apetite e apatia.

Quem controla a produção da tireóide é a glândula hipófise, que está localizada no interior do crânio, em contato direto com o sistema nervoso. Quando a tiroxina diminui no sangue, a hipófise secreta um hormônio chamado TSH (hormônio estimulador da tireóide) que, como o nome sugere, estimulará a tireóide a produzir seu hormônio. Esse hormônio potencializará o metabolismo, aumentando os níveis de tiroxina no sangue, e fazendo com que ocorra o processo inverso na hipófise, o que levará, no final, à diminuição do metabolismo. Esse movimento de ativação/desativação nunca cessa, o que provoca o equilíbrio dinâmico já mencionado ou uma aparente estabilidade; uma neutralidade. E essa variação é fundamental para que não haja um descontrole, a preponderância de um dos lados, o que não seria saudável.

Se não fosse assim, se houvesse uma quantidade fixa de tiroxina no sangue, quando o corpo estivesse passando por uma situação nova e precisasse aumentar seu metabolismo, isso não seria possível, pois o aumento do consumo desse hormônio logo o esgotaria. O corpo não seria capaz de enfrentar situações novas, teria de viver sempre da mesma forma, imutável.

Esse padrão ocorre, de uma forma geral, em todo o organismo. Tudo está sob controle e em equilíbrio.

Na vida, esse padrão também se repete. Simbolicamente, a vida nos controla. Ocorrem fatos no dia-a-dia que nos estimulam e outros que nos desestimulam. Tendemos a considerar os fatos favoráveis ou positivos se eles nos deixam motivados, e desfavoráveis ou negativos se nos desmotivam. Podemos entender agora que se não houvesse essa variação, tenderíamos à exaustão tanto em um aspecto quanto no outro. Segundo o ensinamento que a vida das células nos proporciona, os dois aspectos — ativação/ desativação — são importantes. O ideal então seria não considerar um momento melhor do que o outro, e sim que todos são essenciais para ampliarmos nossa consciência. Em cada experiência podemos amadurecer um aspecto do nosso caráter. Se tivermos essa meta, tenderemos a manter a neutralidade que o físico já conseguiu, viveremos em harmonia, independentemente dos acontecimentos externos ou da avaliação que fizermos desses fatos da vida.

Se não fosse essa variação, não conseguiríamos enfrentar situações novas, portanto, não evoluiríamos. Tenderíamos sempre a nos manter no nível de consciência em que nos encontramos. Dessa maneira, a alternância cotidiana nos permite exercer a busca da neutralidade.

Toda célula tem um núcleo e um citoplasma. No citoplasma, ocorrem as reações bioquímicas que correspondem fundamentalmente às funções (tarefas) de cada célula, isto é, ao seu metabolismo. A célula de uma glândula salivar produz saliva dentro de organelas, no citoplasma. Já, no núcleo celular, encontram-se os cromossomos, que são o código genético composto de ADN. O núcleo de uma célula humana tem 23 pares de cromossomos, o que totaliza 46 cromossomos, com exceção do óvulo e do espermatozóide, que só têm 23 cromossomos cada um. Quando ocorre a fecundação, o espermatozóide fornece seus 23 cromossomos ao óvulo, gerando o ovo, que terá, de novo, 23 pares de cromossomos. Essa célula chamada ovo se dividirá progressivamente em duas, originando todas as células do corpo humano. Antes de se dividir em duas, a célula-ovo duplica fielmente todo o material genético de seu núcleo, de modo que as duas células-filhas terão rigorosamente o mesmo código genético. Em seguida, ocorrem duplicações celulares sucessivas, até que o corpo se forme por completo. Portanto, cada célula do recém-formado terá os mesmos pares de 23 cromossomos. Seja como for o citoplasma, seja qual for a tarefa que cada célula desempenhe, o material genético, dentro de seu núcleo, será rigorosamente o mesmo.

Conclui-se daí que cada célula se diferencia fisicamente das outras pelo seu citoplasma, onde sua tarefa cotidiana é desenvolvida, uma vez que o material genético do núcleo das células é sempre igual.

Toda célula se desenvolve a partir do núcleo. É o código genético contido em cada núcleo que tem a chave para a formação da célula e para a função que ela exercerá. Aquela saliva, que é produzida em uma célula glandular salivar, é uma proteína. Cada proteína é composta por cadeias de aminoácidos, e quem determina a disposição e a composição desses aminoácidos é o código genético. Da mesma forma, todo o "maquinário" necessário para a formação da proteína "saliva" é também desenvolvido com as informações transmitidas pelos cromossomos. Eles são como matrizes.

Portanto, é possível perceber que, apesar de ter todos os genes, as células só utilizam aqueles que forem necessários para a execução de suas tarefas, enquanto os outros genes permanecem desativados no núcleo. Apesar de só desempenharem algumas tarefas, as células têm matriz para realizar a função de todas as outras células.

O ser humano é semelhante à célula. Ele também tem um "citoplasma", que é o material físico, emocional e mental, e um "núcleo" interior — a alma —, matriz humana comum a todos os seres.

Algumas pessoas têm potencial para empreender determinadas tarefas com mais facilidade e perfeição do que outras. Pessoas diferentes, tarefas diferentes. A ignorância faz com que o homem use as diferenças da forma para discriminar, para segregar, para justificar supremacias. Podemos considerar que essas diferenças são as nossas habilidades, os nossos dons. E essas habilidades serão cada vez mais desenvolvidas à medida que forem utilizadas em benefício de todo o grupo, assim como fazem as células. É um desperdício canalizarmos uma habilidade só para o nosso próprio benefício.

É interessante verificar que, quanto mais os corpos físico, emocional e mental se desenvolvem, mais ampla pode ser a tarefa que são capazes de desempenhar.

Lembremos de que, no núcleo da célula, existe material genético para que ela exerça qualquer tarefa, porém, os genes que não são usados ficam desativados. Isso significa que nós também podemos desenvolver qualquer tarefa, que teoricamente podemos desenvolver qualquer habilidade. As habilidades que não manifestamos estão apenas desativadas. Dentro de nós, no nosso núcleo, na nossa alma, existe "informação" para a implantação dos aspectos de toda a multiplicidade humana. Portanto, para que possamos realizar qualquer tarefa que se nos apresente, basta consultar a alma, a fonte matriz, que é o segredo para sua ativação. Para consultá-la, coerência é fundamental. É preciso que essa consulta tenha como finalidade o bem comum, o benefício de todos, o altruísmo, e que haja a necessidade de se ter tal conhecimento nesse devido momento. O altruísmo é essencial, pois estamos procurando entrar em contato com um núcleo que tem todo o potencial humano. Logo, ele tem consciência da necessidade de todos os seres. Não é possível, portanto, que a alma forneça material para um ser que tenha objetivos egoístas. Antes de buscar esse contato, podemos nos perguntar se o que pretendemos vai apenas beneficiar a nós mesmos ou se todo o grupo usufruirá. Essa é uma forma de verificar a intenção do nosso propósito.

Somos uma combinação de habilidades nos planos físico, emocional e mental, o que permite uma grande multiplicidade de atributos e enriquece consideravelmente a condição humana. Parece que a Natureza nos convida a juntar nossas habilidades, de forma cooperativa, para melhor realizarmos as tarefas da vida.

Em *A Vida Dentro de Nós* vimos a relação entre o desenvolvimento de uma célula cancerosa, um tumor canceroso e o comportamento humano. A analogia com a doença tumoral é interessante, pois o câncer pode se desenvolver em qualquer órgão, o que possibilita que usemos esse exemplo de maneira ampla. Vimos como uma determinada atitude humana é favorável à formação do câncer. Notamos que a célula cancerosa apenas repete, no seu plano de vida, o comportamento humano egoísta e negligente com relação a tarefas grupais essenciais. Podemos dizer que as grandes cidades, as megalópolis, representam o câncer do planeta. A superpopulação, a degradação ética/comportamental, o consumo de produtos supérfluos à sobrevivência humana, e o desperdício acarretam imensa exploração e destruição dos recursos naturais.

O tumor é formado por células, e as cidades, por indivíduos. Sabemos que nas cidades nem todas as pessoas adotam uma atitude semelhante à da célula cancerosa: nem todas são egoístas e indolentes. Existe uma pequena minoria altruísta, cheia de compaixão e que vive para servir aos demais. Essa minoria permite que, de uma certa forma, a grande cidade continue funcionando dentro de um relativo equilíbrio.

Analogamente, acreditamos que nem todas as células de um tumor canceroso são prejudiciais, mesmo sem ter comprovação microscópica. Deve haver uma minoria de células "sadias" dentro de um tumor. Esse fato nos deixa com esperanças. Se existem componentes celulares "sadios" dentro de um carcinoma é sinal de que sempre existirá a possibilidade da cura. Basta que as células "sadias" passem a predominar. E, para que isso ocorra, é necessário que a atitude da pessoa na vida seja transformada. Podemos fazer com que as células sadias do tumor sejam estimuladas por nós, ao adotarmos na vida uma atitude amorosa, compreensiva, humilde e cooperativa. E a fonte para essa transformação se encontra dentro de cada um de nós. É no mundo intuitivo, no ser interno, na alma, que encontraremos a energia verdadeira. Lá também saberemos para quem ou para onde devemos canalizar o nosso amor e o nosso serviço.

Em síntese, a chave para que possamos estimular as "células do bem" dentro de um grupo de células cancerosas é sermos ca-

ANALOGIAS

nais do bem dentro dos grupos a que pertencemos. Essa atitude é adequada mesmo quando o tumor já foi extirpado cirurgicamente.

Raciocínio semelhante pode ser usado para compreender outra analogia. Para que haja estabilidade no nível físico, é necessário que todas as forças que estejam em jogo naquele plano tendam ao equilíbrio. A estabilidade nos proporciona uma visão interessante do que está ocorrendo com a humanidade. Existem forças negativas e forças positivas atuando no planeta. É relativamente fácil identificar a manifestação das forças negativas. Elas têm grande repercussão na mídia. A maioria das notícias dos meios de comunicação fala dessas forças. Tomamos contato com as grandes maldades humanas. Vemos seqüestros, assassinatos, estelionatos, corrupção, guerras e genocídios.

Sabendo que as forças tendem ao equilíbrio e que a atuação dessas forças adversas referidas anteriormente são atuantes na humanidade, podemos concluir que existe um grupo manifestando forças positivas, e estas trabalham em silêncio. O bem é discreto e humilde.

A cada dia, milhões de células morrem no nosso corpo. A cada dia, milhões de células nascem dentro de nós. As que morrem são substituídas pelas mais jovens. As que chegam rendem as que saem. No indivíduo sadio, essa renovação passa despercebida; não ocorre prejuízo no desempenho dos órgãos.

A cada dia, podemos deixar morrer os aspectos ultrapassados da nossa personalidade e permitir que novos aspectos de nosso ser aflorem, e nos transformem. Isso nos deixa vislumbrar a redenção, pois sempre teremos a oportunidade de transformar nossas atitudes. Não existe nada que seja irreversível.

Reflexões

A maravilhosa cooperação que existe na vida celular é uma realidade graças à consciência que as células têm. Em um grupo, quanto maior é o nível de consciência de cada um de seus membros, maior é a harmonia, a colaboração e a integração entre eles. O homem tem a possibilidade de fazer o processo evolutivo conscientemente. Ele tem consciência de que tem consciência. A consciência é a percepção de determinada realidade a partir do ponto em que se capta essa realidade. A energia do amor, por exemplo, pode ser reconhecida de diversas formas, dependendo do referencial em que a consciência da pessoa está focalizada predominantemente. Se essa pessoa está vivendo preferencialmente no nível emocional, ela compreenderá o amor como a necessidade de possuir as coisas de que gosta; mas se a percepção do amor ocorre no nível intuitivo, a pessoa viverá esse sentimento como uma forma de oferecer tudo o que possui de melhor dentro de si.

Por meio da ampliação da consciência o ser tem possibilidade de interagir de forma mais sábia com a Vida. Pessoas que se dispõem a desenvolver a consciência percebem que esse desenvolvimento pode ser medido pela amplitude do serviço que se oferece. Quanto maior a consciência, mais abrangente será o serviço prestado na Vida.

O indivíduo que quer estar no nível mais elevado de consciência, dentro do plano em que essa consciência está focalizada, busca ter acesso às informações desse plano e aplicá-las para o benefício do grupo em que está inserido. Essa vontade é dinâmica e gradativa. Acreditamos que o processo educacional, no que diz respeito às informações fornecidas às crianças, deveria ter o objetivo de desenvolver a consciência grupal em cada uma delas.

Inicialmente, o desenvolvimento da consciência é impulsionado pelo sofrimento, que indica caminhos para que solucionemos os conflitos existentes na nossa vida. Paralelamente, em uma outra fase, o ser que já despertou na consciência do serviço grupal buscará seu crescimento, procurando identificar o sofrimento de todo o grupo, da humanidade. Ele viverá para encontrar soluções que possibilitem resolver esses conflitos coletivos e amadurecerá à medida que se transforma para pôr em prática as soluções necessárias ao grupo.

Essa questão pode ser entendida a partir de um exemplo. A falta de água causa sofrimento nas pessoas. Aquela que está no nível evolutivo em que só se preocupa com o que possa acontecer com a sua própria vida entenderá que a água é um artigo essencial e que é necessário economizá-la. Em conseqüência dessa percepção, ela abandonará seus hábitos perdulários para que a água não venha a lhe faltar novamente. Essa pessoa só identificará a necessidade de se transformar quando sofrer na própria pele as conseqüências das dificuldades da vida. Futuramente, ela perceberá que a água também é necessária para as outras pessoas e que as transformações por que ela passou também poderão beneficiar os outros. E reconhecerá, então, que ao se transformar estará contribuindo para minimizar o sofrimento de todos.

Já aquelas que visam ao serviço grupal, as que buscam o alívio do sofrimento de todas as pessoas, estarão sempre vigilantes para identificar as possíveis transformações nas suas atitudes que poderão beneficiar todo o grupo. Estas aproveitarão melhor as informações que lhe forem fornecidas, para estimular cada vez mais a harmonia no grupo. Não precisarão viver diretamente o problema da falta de água para reconhecer a necessidade de mudar seus hábitos e economizar água. Conseqüentemente, a opção pelo serviço possibilita uma evolução mais objetiva, mais sintética e mais rápida. A vida em função da satisfação das necessidades grupais leva à evolução coletiva. O sofrimento de um pode ser aproveitado por todos.

Como sabemos, a consciência se manifesta em vários planos da existência. A percepção intuitiva é desenvolvida por meio da ampliação e do aprofundamento do nível de consciência. Muitos poderão considerar que a busca da intuição é uma tarefa árdua, que está além das próprias possibilidades. O conceito de fácil ou difícil, quando se trata do desenvolvimento de aspectos sutis como a consciência, é uma ilusão do plano mental. Para entendermos melhor essa ilusão, descreveremos três situações:

PRIMEIRA SITUAÇÃO

No basquetebol, o time só pode marcar pontos fazendo cestas de três pontos, de dois pontos ou de um ponto. Se uma equipe consegue, no decorrer do jogo, obter uma diferença de vinte pontos, a equipe adversária em geral começa a se descontrolar emocionalmente e se desespera para descontar a diferença. Afoitamente, tentará obter os vinte pontos em uma única cesta. Isso em basquetebol é impossível, não existe cesta de vinte pontos. O placar do adversário só poderá ser alcançado com várias cestas de um, dois ou três pontos.

SEGUNDA SITUAÇÃO

Em um prédio de vinte andares, cada andar é constituído de dez degraus. Se o elevador estiver quebrado, a pessoa que precise chegar ao último andar do edifício poderá sentir-se incapaz de chegar ao seu destino.

TERCEIRA SITUAÇÃO

Uma pessoa sofre um acidente que lhe provoca uma lesão na medula espinhal, com a conseqüente paralisia dos membros inferiores. Ela precisa reaprender a andar. Essa tarefa pode ser comparada aos primeiros passos de uma criança. No entanto, trata-se de situações diferentes.

Esses são três fatos que apresentam dificuldades com nuanças diferentes.

No primeiro, a dificuldade está na pressa em alcançar a meta almejada. No segundo, a dificuldade está na convicção de se estar despreparado. E no terceiro, no medo de não se conseguir atingir o objetivo, no medo do fracasso.

No primeiro caso, não estamos levando em consideração a atuação da equipe que está ganhando o jogo, mas sim, a da equipe que tem consciência da grande defasagem em que se encontra. Esta, no entanto, tem a possibilidade de se recuperar, uma vez que recebeu treinamento adequado. Porém, a pressa para diminuir a desvantagem impede a equipe de ter a calma necessária para perseguir, momento a momento, o seu objetivo. Seria importante que cada ponto fosse considerado como uma vivência independente, que cada ponto representasse um passo no processo evolutivo do indivíduo. Nesse caso, a chave está em concentrar a atenção em cada momento que passa sem a preocupação com o que está por vir.

No segundo exemplo, o desenvolvimento da consciência está simbolizado pela necessidade de se chegar ao último andar do edifício. O indivíduo nunca realizou essa façanha anteriormente, nem treinou para isso. É natural que se sinta incapaz de realizá-lo. Mas, nesse caso, a pessoa também está iludida. A construção em forma de andares significa a ampliação hierárquica da consciência e, além disso, cada andar é composto por degraus que representam os passos que levam a essa ampliação. É de conhecimento geral que o processo evolutivo é constituído de níveis hierárquicos. Cada nível corresponde também a determinado tipo de serviço que a pessoa executa. Se em um determinado andar esse serviço exige que se tenha compaixão, é necessário que essa pessoa tenha galgado degraus que possibilitem o desenvolvimento da compaixão. Em cada degrau, um determinado tipo de experiência será vivenciada e resolvida. Vemos aqui a importância de não se querer pular degraus. Cada degrau é fundamental para conseguirmos desenvolver a essência do patamar seguinte. Nesse caso, queimar etapas pode significar lições não aprendidas e, conseqüentemente, ficar despreparado para o serviço relativo ao andar seguinte. Esse despreparo pode exigir que o indivíduo volte a patamares anteriores, para aprender, no devido local, os ensinamentos necessários.

Nesse segundo caso ilustrativo, é importante permanecer em cada degrau tempo suficiente para absorver todo o ensinamento desse nível e só depois seguir para o próximo degrau. No exemplo dado, se o indivíduo subir degrau por degrau, no seu próprio ritmo, ele vai chegar ao primeiro andar. Repetindo o procedimento, chegará ao segundo, ao terceiro, e assim sucessivamente, até o momento em que perceberá que a ascensão depende do ritmo que ele imprimiu à subida.

O mesmo ocorre no processo de ascensão de consciência do homem. Quando se busca essa ascensão e se percebe que a cada momento um degrau é galgado, começa-se a identificar o ritmo dessa ascensão. Quando esse ritmo é identificado, cessa a preocupação quanto ao que ainda resta a percorrer ou quanto às dificuldades que ainda surgirão. O indivíduo sabe que um dia chegará à meta, que tudo depende apenas de persistir.

No terceiro exemplo, a pessoa sofre uma lesão parcial na medula e fica paraplégica. Ela precisará reaprender a andar, de forma semelhante a uma criança. Nesse caso, ela precisa desenvolver rotas neuronais alternativas, pois a que normalmente usava foi parcialmente lesada. Além disso, precisa vencer o medo do fracasso. A criança desenvolve os neurônios quando aprende a andar; no entanto, como ainda é mental e emocionalmente imatura, ela não tem consciência dos riscos que enfrenta para conseguir isso. O medo dificulta o desenvolvimento da consciência, pois essa evolução se baseia na busca do novo, na renovação constante. Cada etapa é diferente da anterior e, portanto, desconhecida, o que provoca um medo justificado. Assim como faz o bebê que aprende a andar, a solução nesse caso é ousar, mas ousar conscientemente. E, assim como o bebê, a pessoa cairá muitas vezes, mas acabará conseguindo.

Podemos avaliar o nível de consciência de cada pessoa através da qualidade das necessidades, e dos desejos dela. Essa avaliação é importante para que possamos ajudá-la, pois o potencial para o sofrimento é proporcional à qualidade do desejo. Quanto mais amplo for o nível de consciência de um ser, maior será a sua atitude altruísta. Conseqüentemente, suas necessidades serão, cada vez mais, voltadas para a satisfação das necessidades do grupo, que tenderá a uma harmonia progressiva. Quanto menor a consciência, maior será o egoísmo e a busca de satisfação pessoal. Logo, haverá mais confronto e sofrimento entre essa pessoa e os que a rodeiam. Enquanto houver desejo egoísta na humanidade, haverá sofrimento.

O egoísmo é uma das conseqüências da ilusão de que somos seres isolados um do outro, fato que não corresponde à verdade. Portanto, a satisfação das necessidades pessoais será, no íntimo, sempre uma frustração. Podemos reconhecer que os vícios também são uma questão de consciência. A ampliação da consciência oferece um imenso impulso para a recuperação de pessoas dependentes.

Havia uma pessoa, por exemplo, que pretendia abandonar o hábito de comer carne de animais. Ela considerava esse tipo de alimento prejudicial à saúde. Tentou duas vezes, mas desistiu. Ela sempre encontrava dificuldade para superar a falta que o prazer daqueles sabores lhe proporcionavam. Tempos depois, obteve informações acerca do sofrimento a que os animais eram submetidos nos abatedouros e na maneira cruel e comercial com que eram criados. Nesse momento, sentiu imensa compaixão pelo reino animal. A partir desse momento, nunca mais sentiu vontade de comer carne. A dificuldade que encontrava antes repentinamente desapareceu, e ela deixou de sentir falta dos prazeres desse alimento.

Enquanto ela tentou mudar o hábito visando ao seu bem-estar pessoal, não houve ampliação de consciência, conseqüentemente, a qualidade do desejo permaneceu inalterada. Ao receber a devida informação, ocorreu uma transformação movida pela compaixão, que possibilitou a modificação dos desejos. Acreditamos que essa compreensão é uma chave para o tratamento de dependentes. Se o tratamento de um dependente não objetivar a transformação dele, não se pode esperar que ele abandone o vício por muito tempo.

Se somos membros-células de uma entidade maior, que é o Corpo-Humanidade, e se essa entidade tem uma consciência, como podemos entrar em contato com ela? Se essa consciência é composta por todos os membros da humanidade, entramos em contato com ela quando pensamos em nome da humanidade, quando voltamos nossa consciência para perceber as necessidades da humanidade e dedicamos nossa vida a ela, prestando-lhe nosso serviço. Podemos estar sempre vigilantes para perceber o que é necessário para nos harmonizarmos. A resposta poderá vir por meio da intuição, de modo que é preciso estar em silêncio para ouvi-la. A ausência de idéias preconcebidas também é fundamental. Essa conexão que fazemos com a entidade que nos engloba é a mesma que a célula de um músculo faz ao obedecer ao nosso comando quando queremos nos movimentar. Quando as células do músculo se contraem, elas respondem de forma favorável, espontaneamente, à nossa vontade de nos movimentar.

Muitas pessoas se sentem inseguras, desprotegidas, rejeitadas e injustiçadas pela vida. Essas sensações são fruto da própria conduta delas. O egoísmo, o espírito competitivo, o descaso com relação às necessidades grupais geram um conflito com a nossa verdade interior. O egoísmo isola. O isolamento, compreende-se facilmente, gera a sensação de desproteção e de rejeição, mesmo que seja inconsciente. A cooperação reunifica. Ela é o passaporte para a reintegração. De volta ao grupo, tudo o que ocorre na vida de cada um dos membros é compartilhado por todo o grupo. Se um membro do grupo desenvolve uma nova habilidade, todo o grupo ganha, uma vez que essa habilidade beneficiará a todos. Se outro membro se encontra em uma situação difícil, esse problema será diluído entre todos os membros do grupo.

Cooperar não significa abandonar-se a si mesmo, mas sim incluir-se no Todo.

Acreditamos que o caminho de ampliação da consciência pode ser prazeroso. O sofrimento que ocorre na trajetória evolutiva é positivo, porém, a reação que temos para não sofrer é que pode ser negativa. É necessário ter cuidado nesse momento. Diante da solidão, por exemplo, podemos reagir negativamente, tentando seduzir pessoas para que nos acompanhem, atitude normalmente desgastante; ou reagir positivamente, percebendo que na solidão podemos ouvir mais facilmente a voz que vem de dentro de nós, a nossa companheira ideal, a intuição. Todos nós sofremos por motivos particulares, e qualquer tipo de sofrimento pode ser aproveitado com sabedoria, se tivermos a intenção de crescer.

Sofrer favorece a dissolução das fantasias, das ilusões que o ego nos impõe. O sofrimento faz cair a nossa máscara. O tema que nos faz sofrer é exatamente aquele em que somos frágeis. Sofrer nos ajuda a desenvolver a humildade, a refletir sobre os aspectos de nossa personalidade que erroneamente julgávamos resolvidos e que inconscientemente dificultavam a realização do nosso potencial. O sofrimento indica o que precisamos aperfeiçoar, a fim de que tenhamos mais liberdade para servir. Portanto, sofrer é muito positivo, é a chance de transformar defeito em virtude, é o combustível da Cooperativa.

Uma atriz confessou, certa vez, que sua atuação no palco melhora significativamente sempre que ela contracena com a melhor atriz do país. Isso nos fez lembrar de quando participávamos de competições esportivas oficiais. Nosso time jogava muito melhor quando o adversário era mais forte, independentemente do resultado. Somos levados a nos aperfeiçoar sempre que nos relacionamos com pessoas mais avançadas em qualquer setor da vida. Esse fenômeno também ocorre quando estamos diante de alguém com a consciência mais elevada. Esses seres nos impulsionam a avançar também, a evoluir. Avançamos na consciência do amor, se estamos juntos de quem ama profundamente. Crescemos, ao nos aproximar de seres dotados de extrema compaixão. Reconhecemos melhor o valor da humildade diante de um humilde sábio. Esse impulso é importante para que possamos nos manter no nível mais elevado de amor, de compaixão ou de humildade, e compartilhar essas qualidades com os outros. E estes, por sua vez, poderão usufruir do mesmo fenômeno e serem também elevados.

Freqüentemente, só enxergamos, só identificamos, aquilo que já conhecemos, com que já temos familiaridade. Temos dificuldade para ver, sozinhos, novos aspectos da vida. Nós, médicos, tendemos a identificar as doenças que já conhecemos, que já estudamos. Diante de um paciente com um conjunto de sintomas, costumamos classificar a doença dele de acordo com a lista de doenças das quais já temos ciência e, caso essa doença não nos seja familiar, é possível que erremos o diagnóstico até que venhamos a estudar a doença em questão. É comum, ao estudarmos uma nova enfermidade, reconhecer os casos passados que não conseguimos identificar ou que diagnosticamos de forma errada, por termos nos confundido com uma doença semelhante. É comum identificarmos defeitos nas outras pessoas ou as criticarmos. Se só identificamos o que já faz parte de nossa vida, as críticas que fazemos e os defeitos que percebemos estão dentro de nós. Possivelmente, agimos de forma semelhante à das pessoas que criticamos.

Por meio da evolução, podemos transformar aspectos negativos de nossa personalidade, os nossos defeitos. Podemos também substituí-los pelas virtudes opostas. Assim, o ódio transmuta-se em amor, a insensibilidade em compaixão. Esse é um longo trabalho, porém, sempre que temos sucesso na transformação de algum aspecto negativo, adquirimos sabedoria. Passamos a entender o sofrimento que está por trás daquela atitude. Surge, portanto, um sentimento de compaixão pelas pessoas que ainda não conseguiram o mesmo sucesso, pois temos consciência do sofrimento pelo qual elas estão passando. Sentimos necessidade de ajudá-las, para que venham a superar essas características negativas.

Se criticamos uma pessoa, e não sentimos necessidade de cooperar com ela, de ajudá-la a superar essa dificuldade, é porque estamos também no mesmo nível. O lado positivo da crítica é o fato de que, sempre que apontamos os defeitos dos outros, podemos nos conscientizar de que precisamos transmutar em nós o aspecto encontrado. Essa conscientização é importante, pois tendemos a ignorar as nossas falhas e a rejeitar as orientações que nos alertam.

Essa é uma forma de perceber que, ao nos ajudarmos, estamos também ajudando o grupo todo ou que, se queremos cooperar com alguém em alguma coisa, precisamos primeiro ajudar, transformar a nós mesmos.

Essa compreensão também é especialmente útil se queremos deixar de ficar magoados ou ressentidos com alguém. As mágoas são geradas pelas falhas cometidas por outras pessoas ou por nossa incapacidade de compreender alguma atitude delas. Já podemos entender que ambas as causas decorrem da nossa dificuldade, da nossa imaturidade com relação a aspectos em que nos sentimos mais suscetíveis. Uma forma muito eficaz de esquecer a mágoa é tentar ajudar de alguma maneira a pessoa que nos magoou. Ajudar em alguma questão da vida dela, com a qual tenha dificuldades, e, de preferência, com a qual nós tenhamos facilidade e possamos prestar um serviço, usando uma de nossas virtudes. Pode parecer difícil tentar ajudar justamente alguém com quem estamos em conflito, porém, com essa proposta, faremos obrigatoriamente um contato com o ponto mais íntimo dessa pessoa, com seus sofrimentos e, ao nos ligarmos com o sofrimento dela, é bem provável que a compaixão nos permeie, o que faz com que qualquer mágoa perca o sentido.

O médico inglês Edward Bach, que viveu na primeira metade deste século, ensinou que para corrigirmos uma dificuldade de nossa personalidade devemos praticar a virtude oposta. Não precisamos trabalhar a deficiência diretamente. O dr. Bach ensina que a prática da virtude "esvazia" a característica oposta e que tentar atacar a dificuldade diretamente é uma forma de reforçá-la, tornando-a cada vez mais arraigada.

Se somos impacientes, que busquemos maneiras de praticar a paciência; se somos agressivos, que procuremos ser gentis e amorosos.

Esse ensinamento encontrou profunda ressonância dentro de nós, mas não o entendíamos do ponto de vista racional, não imaginávamos como seria possível aplicar na prática essa sabedoria.

Certa vez, assistindo a um documentário sobre a vida e os hábitos dos índios do Xingu, obtivemos o esclarecimento almejado. O filme mostrou vários rituais indígenas, entre eles o ritual sagrado de celebração ao papagaio. Nele, os índios se fantasiavam de papagaio, colocavam penas nas cores dessa ave, dançavam e cantavam. Havia também o ritual religioso para uma determinada árvore, no qual eles se enfeitavam com os galhos dessa árvore e dançavam e cantavam à volta dela. Havia também o ritual do pirarucu, em que as mesmas homenagens eram feitas. Nesse momento, refletimos: se os índios, desde pequenos, crescem rendendo homenagens a todos os seres que, de alguma forma, participam da vida deles, como poderão fazer algum mal a esses seres? Como poderão caçar um papagaio apenas por prazer? Como conseguirão derrubar uma árvore sem necessidade? Como consentirão em poluir um riacho onde vive o pirarucu que tanto amam? Seria difícil. Seria preciso que ocorresse uma grande degeneração no caráter desses índios para que isso acontecesse.

Somos aquilo que praticamos. Se praticamos a bondade, acabaremos encontrando a fraternidade. A par da fraternidade, estaremos cientes da união entre todos os seres e será mais difícil fazer ou querer mal a alguém.

Existe a cura e existe a remissão de sintomas. A primeira pode ocorrer se for precedida por uma profunda transformação na vida. Transformação no modo de ver a vida e na conduta. Se a pessoa quiser saber se está no caminho da cura, ela deve se voltar para si mesma e verificar se houve transformação. Qualquer coisa que não seja essa transformação será apenas uma remissão de sintomas.

Cura é busca e transformação.

Buscar é querer entrar em contato com o ponto mais profundo do nosso ser; é descobrir qual é a nossa tarefa nessa grande cooperativa humana; é procurar as virtudes que temos e perceber qual delas é a mais adequada e necessária para oferecer amorosamente às pessoas que estiverem à nossa volta. Transformar é o aperfeiçoamento do nosso caráter, a correção dos aspectos que podem nos impedir de compartilhar nossas virtudes com quem necessita.

Remissão de doenças não é cura. Se não houver cura, o tratamento terá sido paliativo e a mesma doença ou uma outra qualquer, em algum momento, se manifestará.

Nosso corpo material é o veículo para a manifestação da nossa Essência. Portanto, ele é o intermediário entre a Fonte da criação e a atividade produtiva necessária ao plano material. Em conseqüência dessa intermediação, podemos entender a famosa oração que diz "é dando que se recebe". Se somos intermediários, para doarmos, precisamos antes receber da Fonte sua energia benevolente e impulsionadora, e esta precisará transpassar nosso ser e banhar todas as nossas células.

Quando ajudamos, a ajuda passa por dentro de nós; se amamos, somos amados, se compreendemos, a compreensão nos envolve e atua em nós se dela necessitamos.

Atitudes e Correspondências Orgânicas

Neste capítulo, procuraremos relacionar as atitudes que prejudicam ou favorecem o funcionamento dos órgãos do corpo. Cada órgão tem uma determinada função biológica e, segundo o estudo desenvolvido no livro *A Vida Dentro de Nós*, essas funções orgânicas podem ser prejudicadas por comportamentos desarmoniosos. Já vimos que o corpo físico funciona com harmoniosa perfeição, mas o homem, ao agir de forma equivocada influencia os órgãos de seu corpo a também funcionarem de forma errada. Essa influência tem uma direção bem definida, isto é, uma atitude incorreta prejudicará mais o órgão cuja função é suscetível a essa atitude incorreta. Na prática, isso significa que se a pessoa tem um temperamento inflexível, tenderá a prejudicar um órgão que necessite de flexibilidade para o seu perfeito funcionamento, como é o caso dos músculos. Posteriormente, a deficiência funcional pode se transformar em uma doença com conseqüências mais graves.

A doença pode funcionar como um indicador de um comportamento equivocado e, se quisermos, poderá nos indicar que tipo de mudança devemos adotar para nos curar, como veremos a seguir. O funcionamento de cada órgão do nosso corpo tem peculiaridades específicas, que podem ser prejudicadas, favorecidas ou corrigidas segundo a influência da nossa atitude. O coração, a bomba que distribui o sangue, líquido em que estão diluídas as nossas "riquezas", pode ser prejudicado e vir a desenvolver algu-

ma doença, se não dividirmos nossas riquezas com quem precisa; ele pode ser fortalecido, se tivermos compaixão; e podemos curar uma doença cardíaca já desenvolvida se, por exemplo, transformarmos nosso apego em abnegação e auxiliarmos quem necessita.
  O trabalho apresentado a seguir foi desenvolvido a partir da nossa experiência clínica. Procuramos observar em cada paciente o órgão doente e as atitudes desarmoniosas que esses pacientes costumavam apresentar. Consideramos atitudes desarmoniosas aquelas que causam algum tipo de sofrimento ao próprio indivíduo ou ao próximo; atitudes egoístas, que não levam em consideração a concepção fraterna da humanidade.
  É importante esclarecer que as indicações aqui apresentadas não têm compromisso com nenhuma escola médica tradicional ou alternativa. Reafirmamos que nossas conclusões são baseadas na nossa observação clínica. Sabe-se que algumas escolas médicas orientais relacionam o sofrimento com doenças. Segundo essas escolas, o medo pode, por exemplo, causar doenças nos rins e a raiva pode provocar doenças no fígado. As nossas associações, no entanto, são feitas entre as atitudes e o órgão doente. Os sofrimentos humanos são normalmente a causa das atitudes desarmoniosas. Essas atitudes geram, a nosso ver, atitudes também desarmoniosas nas células, manifestando a doença nos órgãos, conforme explicitado no livro *A Vida Dentro de Nós*.
  Quando enfrentamos o sofrimento, sem reagir negativamente a ele, ou seja, sem tomar atitudes defensivas, não tendemos a desenvolver enfermidades. Essas defesas são as nossas dificuldades, que podem ser consideradas como desvios do comportamento humano. Analogamente, estimulamos o desenvolvimento de doenças que são desvios do comportamento celular.
  Vimos, então, que o motivo de uma ação desarmoniosa é o sofrimento; que a causa da avareza pode ser o medo da miséria. Porém os sentimentos/sofrimentos não serão o objeto deste estudo, pois acreditamos que o aspecto principal que se pode relacio-

nar diretamente à gênese das enfermidades é a ação. A princípio, não podemos controlar ou evitar diretamente o sofrimento, mas podemos mudar as nossas ações. Mudando-as e nos transformando, poderemos amenizar o sofrimento.

É importante que identifiquemos as atitudes que geram as enfermidades, para que possamos fazer a nossa parte no caminho da cura.

O dr. Edward Bach, que desenvolveu os remédios florais, escreveu em seu texto *Cura-te a Ti Mesmo*[1] "(...) o médico do futuro terá dois objetivos principais: o primeiro será o de ajudar o paciente a alcançar um conhecimento de si mesmo e apontar-lhe os erros fundamentais que ele possa estar cometendo, as deficiências de seu caráter que ele teria de corrigir e os defeitos em sua natureza que têm de ser erradicados e substituídos por virtudes correspondentes. Esse médico terá de ser um grande estudioso das leis que governam a humanidade e a própria natureza humana, de modo que possa reconhecer em todos os que a ele acorrem os elementos que estão causando conflito entre a Alma e a personalidade. Tem de ser capaz de aconselhar o paciente de como restabelecer melhor a harmonia requerida, que ações contra a Unidade deve deixar de praticar e que virtudes necessárias deve desenvolver para eliminar seus defeitos. Cada caso necessitará de um minucioso estudo, e só os que dedicaram grande parte de sua vida ao conhecimento da humanidade e em cujos corações arde a vontade de ajudar serão capazes de empreender com sucesso essa gloriosa obra em favor da humanidade, abrir os olhos daquele que sofre, iluminá-lo quanto à razão de sua existência, e inspirar-lhe esperança, consolo e fé que lhe capacitem dominar sua enfermidade.

---

1. Bach, Dr. Edward, *Os Remédios Florais do Dr. Bach*. Editora Pensamento, São Paulo, 1990, p. 50.

O segundo dever do médico será ministrar remédios que ajudem o corpo físico a recobrar a força, auxiliem a mente a serenar-se e ampliem seu panorama e sua luta pela perfeição, trazendo, assim, paz e harmonia para toda a personalidade."

Apresentaremos a seguir cada setor do corpo, relacionando-o com atitudes prejudiciais ao seu bom funcionamento e com atitudes que favorecem o seu bom desempenho. Essa descrição permite que coloquemos em prática a busca e o desenvolvimento das virtudes que se opõem às nossas dificuldades.

A lista das atitudes prejudiciais e favorecedoras não está completa. Outras poderão ser acrescentadas à medida que a nossa percepção dessa proposta se amplia e encontramos outras atitudes que causam a respectiva enfermidade, mas que ainda não foram catalogadas. O segredo para ampliar essa lista é compreender o funcionamento do órgão enfermo que se quer estudar. Se entendemos que a função de um órgão exige agilidade, por exemplo, ele será corrompido se formos indolentes.

O estudante, ao se deparar com a lista das atitudes em relação a cada setor do corpo, perceberá a simplicidade do mecanismo, a facilidade de compreendê-lo e a lógica do seu funcionamento. Ele poderá rapidamente reconhecer e utilizar em sua própria vida as informações catalogadas e, principalmente, poderá também auxiliar outras pessoas que estejam precisando de tal compreensão.

Se a pessoa doente não conseguir se enquadrar em nenhuma das atitudes prejudiciais que, segundo a lista, estariam causando a doença em determinado órgão, convém apenas praticar as atitudes que favorecem aquele órgão. É comum não reconhecermos ou identificarmos as nossas deficiências em uma listagem. O mesmo fator que nos faz adoecer também dificulta que tenhamos humildade suficiente para reconhecer a deficiência em questão. Com o tempo, ao praticar as qualidades opostas, ampliaremos a nossa consciência e teremos mais condições para perceber o que fazíamos de forma inadequada.

Veremos que a mesma atitude pode ser prejudicial a vários tecidos ou órgãos diferentes; no entanto, vários fatores podem estar envolvidos nessa dinâmica.

É necessário alertar que este estudo procura relacionar atitudes negativas com órgãos suscetíveis a essas atitudes. Nós não pretendemos apontar que tipo de doença se manifestará em cada órgão. Acreditamos que essa correlação existe e poderá ser matéria de futuras pesquisas.

Algumas vezes, a mesma atitude causa transtornos em órgãos diferentes. Porém, o observador atento perceberá diferenças sutis na manifestação dessa atitude. Essas diferenças ficam evidenciadas quando compreendemos as peculiaridades dos órgãos envolvidos. Por exemplo, a vaidade pode ser uma preocupação com a aparência física, com a intenção de manter as aparências, com a exibição de uma imagem de si próprio poucas vezes verdadeira. Esses comportamentos tendem a produzir enfermidades na pele. Por outro lado, a vaidade relacionada à própria capacidade, a vaidade daqueles que se vangloriam de sua genialidade e de suas habilidades, tende a produzir enfermidades nos músculos. Os motivos que levam cada indivíduo a contrair doenças em um determinado órgão serão explicados posteriormente. No momento, queremos apenas ilustrar que sutilezas comportamentais são significativas.

Pele

Função orgânica:
Proteção do corpo contra agentes externos sejam eles físicos, químicos ou biológicos. Delimitação.

Atitudes prejudiciais:
Orgulho. Vaidade (principalmente quanto às aparências). Rigidez. Insegurança. Desonestidade. Discriminação.

Atitudes favorecedoras:
Humildade. Flexibilidade. Segurança. Integridade. Tratamento de todas as pessoas sem discriminação.

Comentário:
Para que as células da pele funcionem perfeitamente é preciso que sejamos humildes, pois a atuação delas não é tão complexa quanto a de outras células. Se a consciência das células da pele for contaminada pelo orgulho ou pela vaidade, elas podem deixar de ver a importância da função que exercem e passar a sofrer de uma espécie de "desânimo", que prejudica sua função primordial. Curiosamente, a vaidade que nos leva a tomar medidas exageradas para evitar a aparência envelhecida da pele pode, segundo esse conceito, ser prejudicial. A pele, se for influenciada pela vaidade, ressente-se do seu papel, a seu ver de pouco valor, e passa a desempenhar mal as suas funções, deteriorando-se mais facilmente.

A pele precisa de elasticidade para se ajustar às modificações das formas do corpo, portanto, ela é prejudicada quando adotamos uma conduta rígida, pouco condescendente.

A segurança e a integridade estão relacionadas com a coesão e com a firmeza de que a pele necessita para conter os tecidos e líquidos biológicos. Essa atribuição evidencia que as células da pele são tão importantes para a manutenção da vida orgânica quanto todas as outras células.

A discrminação é prejudicial, pois estimula a separatividade e predispõe ao orgulho. A pele precisa de coesão e de humildade.

ATITUDES E CORRESPONDÊNCIAS ORGÂNICAS 45

Músculo Esquelético

Função orgânica:
Contração para possibilitar a locomoção, a atividade e a estabilidade.

Atitudes prejudiciais:
Orgulho. Vaidade (principalmente quanto à própria capacidade). Rigidez. Insegurança. Indolência. Inconstância.

Atitudes favorecedoras:
Humildade. Flexibilidade. Segurança. Dinamismo para o bem da coletividade. Determinação.

Comentário:
A humildade é necessária para que a célula muscular não se sinta inferiorizada com relação a outras células musculares como o coração, cuja função é, aparentemente, mais nobre.
A vaidade que afeta negativamente as células musculares é aquela relacionada com a capacidade, com a habilidade. Se a pessoa se vangloria das próprias habilidades, ela prejudica a célula que executa o trabalho muscular. Quando a doença aí se manifesta faz com que a pessoa reflita sobre a maneira como está usando suas habilidades ou capacidades.
Podemos ampliar o sentido da palavra "indolência". Consideramos prejudicial não apenas a indolência propriamente dita, mas também o dinamismo egoísta, ou seja, todo comportamento que mobilize a pessoa em função de si própria.

Ficamos em pé porque existe um equilíbrio entre o trabalho muscular que empurra o corpo para a frente e o trabalho que o empurra para trás, ou seja, um equilíbrio entre tendências contrárias. Todo movimento muscular é dosado, é regulado pela harmonia entre músculos agonistas e músculos antagonistas; não fosse assim, os movimentos musculares seriam abruptos e não conseguiríamos ficar parados em pé; estaríamos sempre balançando. Portanto, a insegurança, a dúvida e a inconstância prejudicam claramente o funcionamento muscular.

A rigidez muscular que ocorre nas pessoas idosas não é só fruto do envelhecimento, mas é também causada por um preconceito social, segundo o qual a velhice é incapacitante, e as células musculares passam a "acreditar" nisso. É notório que muitas outras doenças surgem quando o indivíduo se aposenta.

Ossos e Articulações

Função orgânica:
Esqueleto:
    Sustentação da massa corporal. Função estrutural.
Articulações:
    Movimentação do esqueleto e conseqüente movimentação do corpo.

Atitudes prejudiciais:
    Insegurança. Indolência. Rigidez. Intolerância.

Atitudes favorecedoras:
Flexibilidade. Segurança. Dinamismo para o bem da coletividade. Determinação.

Comentário:
Devido à sua função, esse é um setor do corpo muito relacionado com a prestação de serviço, com a doação de energia para a execução de tarefas necessárias à harmonização da coletividade. Essa função nos mostra a importância da determinação nas nossas vidas.

A flexibilidade na atitude é necessária para que haja uma livre movimentação das articulações, para que elas não sejam estimuladas ao enrijecimento.

A segurança é importante, pois tanto os ossos quanto as articulações precisam de firmeza e coesão.

Aparelho Gastrointestinal

Função orgânica:
Absorção dos nutrientes necessários às funções biológicas. Quebra das estruturas moleculares vegetais e animais, para que possam ser absorvidas e posteriormente aproveitadas na composição das estruturas moleculares do corpo.

Atitudes prejudiciais:
Ressentimentos, mágoas, vinganças ou desforras. Dificuldade de aprender e de aceitar as lições da vida. Rigidez e intolerância. Insatisfação com a vida. Pessimismo.

Atitudes favorecedoras:
Compreensão e compaixão. Interpretação positiva de todas as vivências mesmo que sejam aparentemente negativas. Otimismo.

Comentário:
A intolerância faz com que o aparelho gastrointestinal também não tolere determinados tipos de alimentos, e, quando se busca a atitude oposta, quando se busca a compreensão, quando procuramos entender as idiossincrasias das pessoas, o intestino começa a "aprender" também a tolerar os alimentos considerados anteriormente mais indigestos. A rigidez que prejudica o aparelho gastrointestinal está relacionada com a intolerância aos fatos que a vida nos apresenta, enquanto que a rigidez que prejudica a pele, os músculos e as articulações está relacionada com a inflexibilidade de conceitos.

O intestino precisa absorver e transformar os nutrientes. Para estimulá-lo, precisamos conviver fraternalmente com todos os que estão ao nosso redor. Quando não aceitamos determinadas atitudes para conosco, e ficamos magoados ou ofendidos, não digerindo o fato ocorrido, quando remoemos as mágoas por anos seguidos, estamos dando um exemplo desfavorável para o intestino, comprometendo assim o seu bom funcionamento. A vingança e a desforra são as reações aos ressentimentos e às mágoas, o que denota pouca compreensão e, portanto, o mau aproveitamento das experiências da vida.

Durante o processo digestivo, ocorre a simplificação de moléculas complexas. As proteínas, por exemplo, são formadas por aminoácidos, e as espécies animais e vegetais têm proteínas diferentes em sua composição bioquímica. As proteínas diferem entre si pela disposição e distribuição dos aminoácidos em sua cadeia molecular. Portanto, quando uma espécie animal ingere uma proteína, seja de origem vegetal ou animal, ela precisa desmontar a cadeia de aminoácidos da proteína ingerida, para posteriormente poder compor, com esses aminoácidos, as suas próprias proteínas. É, simbolicamente, o milagre da transmutação. Na vida, passamos por um processo análogo. Assim como uma proteína estranha precisa ser simplificada para ser posteriormente absorvida, um fato aparentemente complicado ou uma situação aparentemente insolúvel podem ser transformados, transmutados, levando-nos a amadurecer e a ampliar a nossa consciência. O fato considerado precipitadamente negativo é aquele que proporcionará maior desenvolvimento, uma vez resolvido.

Rim e Vias Urinárias

Função orgânica:
Purificação e eliminação das impurezas do sangue.

Atitudes prejudiciais:
Mentira, falsidade e hipocrisia.

Atitudes favorecedoras:
Honestidade. Sinceridade. Integridade.

Comentário:
O rim requer uma conduta "limpa", uma vez que esse órgão é o responsável pela limpeza do sangue do corpo. A integridade moral e a ética garantem o bom funcionamento dos rins.

Não é objetivo deste livro definir o que é a moral e a ética, e sim mostrar a importância desses dois atributos para o desempenho adequado dos rins.

Pulmão e Vias Respiratórias

Função orgânica:
Inspiração do ar e condução desse ar aos alvéolos pulmonares, para permitir as trocas gasosas essenciais e em seguida colocar esses gases disponíveis no sangue para serem distribuídos pelo corpo. Absorção do oxigênio e eliminação do gás carbônico.

Atitudes prejudiciais:
Possessividade tanto no plano físico quanto no emocional e mental. Egoísmo. Crítica. Sectarismo. Rigidez.

Atitudes favorecedoras:
Distribuição e/ou troca de tudo o que se tem, seja físico, emocional ou mental. Oferta. Unificação. Compreensão. Hospitalidade. Flexibilidade para harmonizar os opostos.

Comentário:
Ao inspirar, o pulmão recebe ar. Esse ar, que é um elemento do planeta, penetra no corpo, que é a nossa casa. Portanto, por um intervalo de tempo, somos anfitriões da matéria planetária. O simples ato de respirar pode ser também representado por uma atitude de profundo amor. Somos ensinados a receber um con-

vidado — o ar. Somos ensinados a ser hospitaleiros. Portanto, a atitude sectária é prejudicial à respiração. Receber e dar são a chave para compreender a respiração. Repetimos esse trabalho dezesseis vezes por minuto, em média. A respiração é uma escola para os que quiserem aprender a trocar.

O ar que respiramos é o mesmo para todos; não podemos ficar escolhendo as partículas aéreas que queremos inalar a cada inspiração, não podemos selecionar; temos de estar dispostos a respirar o ar disponível.

Podemos compreender com a respiração o que é uma interdependência madura.

A possessividade é uma atitude que sufoca as outras pessoas, pois exige afeto exclusivo. A pessoa possessiva é considerada "sufocante", isto é, aquela que não nos deixa respirar. Qualquer tipo de exigência egoísta é uma forma de sufocamento. Quando exigimos condutas que não estejam relacionadas com a necessidade grupal, mas sim apenas com a nossa necessidade pessoal, estaremos sendo sufocantes e prejudicando a função respiratória.

O pulmão é um órgão elástico, pois sua função assim exige. Essa característica requer do homem flexibilidade, principalmente no que se refere a dar e receber.

O aparelho respiratório se notabiliza por um aspecto interessante. Ele se enche e se esvazia constantemente, de modo rítmico. Isso significa que ele vivencia, a cada movimento respiratório, a integração entre os opostos. O indivíduo que adquirir a sabedoria da convivência entre os opostos descobrirá o segredo do bom funcionamento dos pulmões. Quanto mais harmonizar os aspectos opostos que vivem dentro de si, e entre ele próprio e as demais pessoas, mais ele verá a sua respiração ser otimizada e aproveitará a vitalidade oculta que existe no fenômeno respiratório.

As pessoas com doenças pulmonares podem se beneficiar muito quando se oferecem para melhorar o ambiente em que vivem. Os pulmões devolvem o ar ao planeta. Seria um grande serviço se o ar que expiramos estivesse com uma qualidade vibratória melhor do que quando ele entrou nos nossos pulmões. Essa qualidade vibratória é sutil e independe da composição gasosa do material expirado. A purificação do ar é obtida quando procuramos aperfeiçoar tudo o que a vida nos oferece. Se a vida oferece a um professor uma turma com alunos de comportamento difícil, e se o professor conseguir fazer um bom trabalho com essa turma, ele também conseguirá melhorar a qualidade sutil do ar que expira.

Outra forma de melhorar o funcionamento dos pulmões é praticar a troca, reconhecendo as ocasiões em que há falta e em que há sobras e fazendo a redistribuição. É no pulmão que ocorre a permuta entre os gases que estão em excesso e em falta no sangue.

Os pulmões também nos ajudam a compreender que "é dando que se recebe", pois, para podermos receber um ar renovado a cada inspiração, precisamos primeiramente oferecer à atmosfera o ar que está dentro de nós.

Coração e Vasos Sangüíneos

Função orgânica:
Bombeamento e distribuição do sangue para todos os órgãos e células.

Atitudes prejudiciais:
Egoísmo. Mesquinharia. Qualquer tipo de violência. Sectarismo, rejeição.

Atitudes favorecedoras:
Atitude amorosa. Compaixão. Altruísmo. Unificação. Doação em qualquer nível.

Comentário:
O coração, do ponto de vista comportamental, é muito semelhante ao pulmão, com exceção de um pequeno detalhe: o coração dá muito mais do que recebe. Ele é o símbolo do verdadeiro amor desinteressado, pois oferece o sangue da vida a todos. No pulmão, a troca é o fenômeno primordial. No coração, é a oferta. Portanto, segundo este estudo, quando se trata do coração, precisamos observar as atitudes relacionadas ao ato de doar, e quando se trata do pulmão, convém observarmos as atitudes relacionadas à troca.

O sectarismo e a rejeição são prejudiciais, pois o coração e os vasos não podem privilegiar nenhum setor do corpo. Cada órgão deve receber mais ou menos sangue, dependendo das suas necessidades metabólicas e não de preferências "pessoais".

É importante entender que o coração dá o impulso inicial para a movimentação e para a distribuição do sangue pelo corpo, e as artérias mantêm essa distribuição, uma vez que elas também têm células musculares em suas paredes. Portanto, as artérias também precisam agir com altruísmo para executar sua tarefa a contento. As tromboses arteriais, doença que obstrui as artérias causando a diminuição da irrigação sangüínea para o setor correspondente, são conseqüência evidente de uma atitude sectária. Quando deixamos de fornecer alguma riqueza a quem dela necessita, estamos estimulando de forma equivocada o sistema circulatório a deixar de irrigar um determinado órgão.

Podemos entender por que a incidência das doenças cardíacas é tão grande na humanidade atualmente. Quanto maior for o ódio, a rivalidade, o conflito entre os povos, o preconceito, a segregação, maior será o sofrimento imposto ao nosso coração.

Sangue

Função orgânica:
Distribuição das necessidades bioquímicas para todos os órgãos e células, assim como a retirada dos resíduos celulares para posterior eliminação.

Atitudes prejudiciais:
Avareza e mesquinharia. Distribuição interesseira de matéria, seja físico, emocional ou mental. Hábitos desordenados. Sectarismo e egoísmo.

Atitudes favorecedoras:
Distribuição das "riquezas". Doação e serviço, sempre de forma desinteressada. Unificação. Ordenação.

Comentário:
O início da vida biológica ocorreu nos mares. A água tem grande poder de dissolver em si as substâncias, os nutrientes e os sais, e isso facilitou sobremaneira as trocas desses nutrientes e favoreceu os seres vivos que ali viviam. O mar também podia receber e diluir os produtos eliminados por essas formas de vida. À medida que as espécies biológicas foram se tornando mais complexas e suas células se distanciando do acolhimento do mar, até chegar ao ponto de sair das suas águas, tornou-se necessário que alguém substituísse o mar distante. Esse papel coube ao sangue. Os nutrientes necessários se encontram diluídos no sangue, que os leva a todas as células e recolhe os seus resíduos.

A função do sangue no corpo é semelhante à do dinheiro na sociedade. Ele é um facilitador de trocas, um transportador de riquezas. Todas as "riquezas" bioquímicas (vitaminas, hormônios, sais minerais, gases) são transportadas pelo sangue. Ele é o agente distribuidor das riquezas.

Fica evidenciado que, se tentamos acumular bens materiais, dificultamos a livre circulação desses bens onde ele é necessário. Da mesma forma, o sangue precisa circular livremente por todo o corpo, sem que seja retido em algumas regiões.

A má distribuição de "riquezas" também ocorre no plano emocional e no mental, quando distribuímos afeto ou conhecimento segundo nosso interesse pessoal e não, segundo a necessidade coletiva; quando bloqueamos a difusão de um conhecimento que favoreceria a vida de todos ou o utilizamos de forma egoísta; quando preterimos alguém em favor de outra pessoa.

Pelo fato de o sangue ser também um veículo que leva as impurezas produzidas pelas células para serem eliminadas pelos rins, a conduta ordenada, organizada também beneficia essa função do sangue.

Sistema Imunológico

Função orgânica:
Defesa orgânica contra microorganismos ou partículas estranhas ao corpo.

Atitudes prejudiciais:
Imoralidade. Corrupção. Indisciplina. Desordenamento. Desatenção. Desligamento. Injustiça.

Atitudes favorecedoras:

Conduta ética, íntegra. Disciplina. Ordem e organização. Discernimento. Obediência com sabedoria. Atenção e concentração. Justiça.

Comentário:

O sistema imunológico é composto por vários tipos de enzimas, células, organelas e órgãos diferentes. Também por esse motivo é um sistema muito complexo. Existem células que travam o primeiro combate contra um agente agressor, outras que vêm posteriormente e que travam uma batalha mais prolongada. Existem anticorpos que são produzidos no primeiro contato com o agente infeccioso e outros que são fabricados em um segundo momento. Estes, dependendo do tipo de infecção, conferem imunidade permanente ao indivíduo, e são também os anticorpos cuja produção é ativada pelas vacinas. Há também substâncias cuja função é chamar outras células, avisando que o corpo está sendo ameaçado; trata-se de um complexo e eficiente sistema de comunicação.

Nossas defesas têm soldados, cabos, capitães, generais, canhões, sistemas de comunicação, etc.

Essa complexidade funcional requer, obrigatoriamente, uma rígida coordenação, ordem, organização, respeito à hierarquia e harmonia. Esse sistema é um verdadeiro exército de guerreiros e de bases estratégicas.

Cabe a esse sistema também a destruição de algumas células defeituosas e mutantes que ordinariamente são formadas no corpo. Essa função exige que o sistema seja capaz de discernir qual célula é adequada, qual está correta, é íntegra e cumpridora de suas tarefas. Portanto, esse poder "judiciário" requer desse sistema uma conduta ética e íntegra, senão, como ele poderia fazer esse reconhecimento?

Esse é um sistema que requer uma conduta exemplar para que ele possa exercer sua autoridade judiciária e policial. Para influenciarmos positivamente esse sistema é necessário que tenhamos uma conduta justa no grupo a que pertencemos e constante vigilância e atenção em todas as nossas atitudes.

Fígado

Função orgânica:
Laboratório bioquímico do corpo. Responsabilidade pelo metabolismo das gorduras, dos açúcares, das proteínas, de certas vitaminas. Produção de enzimas e de anticorpos. Eliminação de resíduos.

Atitudes prejudiciais:
Indolência e inatividade. Dedicação a atividades desnecessárias, inúteis no que diz respeito ao bem-estar do grupo. Desorganização e desleixo.

Atitudes favorecedoras:
Dinamismo e execução de tarefas que visem ao bem comum. Disciplina e ordem. Determinação.

Comentário:
O fígado é um bom exemplo do serviço desinteressado. A maior parte de sua produção será utilizada por outras células do corpo. Ele não cobra e não questiona se as células estão fazendo

ou não uso correto das substâncias que ele fabrica. Ele deixa disponível a sua produção no sangue, e as células se abastecem segundo as necessidades delas.

Sua atividade intensa e ininterrupta requer grande desprendimento e determinação.

Glândulas Endócrinas

Função orgânica:
Integração e controle dos órgãos e sistemas. Controle do metabolismo.

Atitudes prejudiciais:
Desarmonia. Atitudes que promovam o caos e o conflito ambiental, e a desintegração entre os seres. Descontrole emocional e racional. Fanatismo. Incoerência entre o que se pensa e como se age. Autoritarismo.

Atitudes favorecedoras:
Harmonia. Integração ambiental. Ponderação. Ética. Coerência. Liderança com autoridade e sabedoria.

Comentário:
Junto com o sistema nervoso, as glândulas endócrinas (hipófise, pineal, tireóide, paratireóide, parte do pâncreas, supra-renais, gônadas) produzem os hormônios que controlam as atividades orgânicas e celulares. A ação desses hormônios promove a integração entre os órgãos, ou seja, regula a produção de alguns,

segundo a necessidade de outros. Determina o momento de aumentar ou diminuir a produção celular.

Portanto, um sistema que controla outros precisa ser estimulado por atitudes de coerência e de ponderação, requisitos fundamentais para desempenhar bem essa função.

Sistema Nervoso

Função orgânica:
Integração, coordenação e controle dos órgãos.
Inter-relação com o meio externo através dos sentidos.

Atitudes prejudiciais:
Desarmonia. Atitudes que promovam o caos e o conflito ambiental, e a desintegração entre os seres. Descontrole emocional e racional. Fanatismo. Incoerência entre o que se pensa e como se age. Autoritarismo.

Atitudes favorecedoras:
Harmonia. Integração ambiental. Ponderação. Ética. Coerência. Liderança com autoridade e sabedoria.

Comentário:
O sistema nervoso e as glândulas endócrinas têm funções semelhantes e, conseqüentemente, tendem a adoecer em função de atitudes semelhantes.
Novamente ressaltamos que o setor responsável por controlar os demais precisa ter um padrão ético apurado e estabilidade mental e emocional.

O fanatismo, que pode ocorrer de variadas formas, é um agravamento do descontrole da razão, e pode afetar negativamente as células de um órgão que é responsável pela coordenação de outros setores do corpo.

Mamas Femininas

Função orgânica:
Amamentação.

Atitudes prejudiciais:
Dificuldade de ofertar o amor. Afastamento das pessoas, distanciamento. Abandono daqueles que precisam de nós. Fornecimento de coisas supérfluas a quem está sob nossa responsabilidade, em vez do que ele realmente necessita para amadurecer. Manipulação do outro.

Atitudes favorecedoras:
Oferecimento do amor sem discriminação. Compreensão. Proteção, ajudando no amadurecimento dos seres mais imaturos. Desapego, procurando libertar-se de pessoas dependentes e liberar os que são dependentes de nós.

Comentário:
Estamos dando especial atenção às mamas femininas devido à elevada incidência de doenças mamárias entre as mulheres.
A amamentação simboliza a atitude de fornecer um material essencial para o amadurecimento de um outro ser imaturo. É o

ATITUDES E CORRESPONDÊNCIAS ORGÂNICAS

símbolo de uma oferta. Simboliza também uma atitude protetora realmente necessária, pois cuida-se de um outro ser indefeso. Ela possibilita a realização e o desenvolvimento de um semelhante. É importante recordar que a amamentação só é necessária por um período de tempo determinado. Passado esse prazo, ela se torna prejudicial, assim como ajudar a quem não precisa pode ser prejudicial, pois pode gerar dependência e dificultar o amadurecimento do outro. Entende-se claramente que a proteção exagerada produzirá efeito contrário ao que a amamentação proporciona e, portanto, é prejudicial ao bom funcionamento das glândulas mamárias por toda a vida, e não apenas no período do aleitamento.

Em sentido mais amplo, todos aqueles que têm algo a oferecer, que é necessário para os outros, e se aproveitam dessa posição para manipular e subjugar estão prejudicando também as glândulas mamárias.

É interessante identificar que o homem está mais sujeito às doenças do coração do que a mulher, quando esta ainda se encontra no período fértil. Nesse período, a mulher produz hormônios que protegem suas coronárias da obstrução. Após a menopausa, a incidência da doença coronariana aumenta na mulher. Existe certa semelhança entre as atitudes que prejudicam o coração e as que prejudicam as mamas; portanto, durante o período em que as coronárias da mulher estão protegidas pelos hormônios, elas tendem a desenvolver enfermidades nas mamas, enquanto no homem o desequilíbrio se manifesta no coração.

Aparelho Reprodutor Masculino e Feminino (Órgãos Genitais)

Função orgânica:
Reprodução da espécie.

Atitudes prejudiciais:
Mal uso da criatividade: dificultar a manifestação da própria criatividade e a dos outros. Rigidez à mudança. Apego. Crítica negativa acerca do comportamento e das atitudes das outras pessoas. Uso da atividade sexual para subjugar o parceiro. Promiscuidade.

Atitudes favorecedoras:
Uso da criatividade de forma altruísta: facilitar e incentivar a expressão criativa de todos. Desapego. Uso adequado da sexualidade.

Comentário:
Podemos estabelecer uma relação simbólica entre o aparelho reprodutor e a criatividade, uma vez que a principal função biológica desse setor do corpo é possibilitar a criação, é gerar outros seres. Portanto, perturbamos o bom funcionamento desse aparelho quando não somos criativos, quando não nos abrimos para a criatividade e quando impedimos ou dificultamos a criatividade dos outros.

O fluxo da nossa criatividade ficará bloqueado se não procurarmos inovar em todas as atividades do nosso cotidiano, se ficarmos acomodados, satisfeitos com a vida que vivemos e acreditarmos que nada precisa ser aperfeiçoado ou renovado. Nesse momento, ficamos estagnados no que se refere à criatividade. Facilitamos a manifestação da energia criativa quando buscamos sempre uma nova forma de viver; quando damos ouvidos à nossa intuição. A busca da renovação é essencial para o aperfeiçoamento de tudo o que fazemos. É notório no meio empresarial que se as fábricas não estiverem sempre empenhadas em aprimorar seus produtos, se ficarem satisfeitas com o que produzem, mesmo que esses produtos sejam de ótima qualidade, eles tenderão a ficar ultrapassados.

Bloqueamos a criatividade quando somos rígidos, quando nos acostumamos ao tédio, quando nos apegamos ao que achamos que é satisfatório. É igualmente prejudicial a atitude de bloquear, de alguma forma, a criatividade dos outros, usando o poder que temos para influenciá-los ou desorientá-los.

A concepção de um novo ser ocorre por meio do aparelho reprodutor, para ser oferecido ao mundo e não para nos servir ou satisfazer. Da mesma forma, os frutos da nossa criatividade também precisam ser oferecidos ao mundo e não servir apenas para nos beneficiar.

Os órgãos genitais podem ser afetados em função da atividade sexual inadequada, por exemplo, quando as pessoas aproveitam seus atributos sexuais para dominar e subjugar o outro de alguma forma. Nesse caso, a pessoa que se deixa subjugar também tem sua criatividade bloqueada.

Esse tema pode ser ilustrado com a história de uma senhora, cujo trabalho era coordenar professores. Ao ser informada de que sua grave enfermidade ginecológica poderia estar relacionada com o bloqueio da criatividade, ela ficou desnorteada. Acreditava que dava plena liberdade para seus professores usarem da criatividade e sempre recebera elogios do corpo docente. Sua equipe sempre lhe dizia que crescia sob o seu comando. Com essa dúvida, ela foi dormir e sonhou. No sonho, ela estava fazendo um parto; ela era ao mesmo tempo a mãe e a parteira. Quando a criança nasceu, ela não sabia como cortar o cordão umbilical e saiu em busca de ajuda, segurando o bebê enrolado com o cordão. Ao acordar, entendeu a mensagem do sonho. Percebeu que ficava apegada ao fruto da criação de seu grupo. Esse sonho estimulou-a também a refletir sobre sua relação com os professores. Ela percebeu que não dava tanta liberdade à equipe quanto supunha. Nas ocasiões em que os professores não apresentavam soluções criativas, de imediato, ela tomava a dianteira e decidia, sem dar a eles o tempo necessário.

O estudo desenvolvido neste capítulo foi baseado na nossa experiência clínica, nos casos que atendemos. Porém, quando entendemos o mecanismo desse processo, podemos aplicá-lo em qualquer setor/órgão do nosso corpo. Para isso só é necessário que saibamos como o órgão funciona e que tipo de atitude pode prejudicá-lo ou beneficiá-lo.

Propusemos no grupo de estudo do qual somos integrantes fazer esse mecanismo de correlação em um setor do corpo no qual não tivéssemos experiência clínica, para demonstrar que esse tipo de raciocínio analógico pode ser feito por todos os que adoecem. Optamos por estudar o órgão da visão. Vimos que o olho é um aparelho óptico composto de lentes, como a córnea e o cristalino, e um "filme", a retina, onde a imagem é reconstituída.

Depois de um debate, o grupo percebeu que para ser eficaz, o olho precisa estar com as lentes limpas, ter precisão e transparência. Ele requer também flexibilidade, pois tem músculos que são responsáveis pela movimentação do globo ocular, pela focalização da imagem, efetuada pelo cristalino, e pela regulagem da luminosidade, efetuada pela íris. Constatou-se que o olho saudável é aquele que não deturpa a imagem que recebe, e que a reconstrói na retina com a maior fidelidade possível.

O grupo concluiu que a neutralidade e a imparcialidade são as atitudes humanas que correspondem à transparência e à fidelidade à imagem, que são necessárias para se ter uma boa visão. Concluiu-se também que, quando tomamos partido, quando vemos apenas uma parte da verdade e agimos com base nessa visão parcial, atrapalhamos a visão, perdemos a neutralidade. Entendeu-se a enorme incidência de doenças visuais que atingem o globo ocular, pois a neutralidade e a imparcialidade são práticas a que a humanidade ainda não se habituou. Quem consegue não tomar partido diante de tantas situações controvertidas que o cotidiano nos oferece?

Casos Clínicos

Neste capítulo apresentaremos histórias de pessoas que atendemos na nossa clínica médica. Faremos o relato da vida delas, do seu comportamento diante das situações cotidianas e relacionaremos esses comportamentos com o órgão que adoeceu. Veremos que a enfermidade acometerá os órgãos conforme o estudo descrito anteriormente.

As doenças só podem atingir os tecidos que estiverem sendo prejudicados pela atitude específica do indivíduo. Se a pessoa desenvolver câncer de mama, esse câncer não poderia ter ocorrido em nenhum outro órgão, pois ele foi gerado devido à dificuldade dela para "nutrir" as pessoas à sua volta. Se as duas mamas forem retiradas cirurgicamente, e não houver mudança de atitude, ela não terá mais problemas nessa região, mas sim em algum outro órgão cujo funcionamento também possa ser prejudicado pela dificuldade da pessoa para "nutrir" os outros.

Em vários anos de experiência, já tivemos contato com muitas pessoas adoentadas. Quase todos os casos confirmam as correspondências que apresentamos. Porém, é necessária uma observação atenta e isenta para que essas associações possam ser feitas. A isenção é importante para que nossos próprios conflitos não nos impeçam de reconhecer os desvios da pessoa que adoeceu.

Normalmente, a doença se manifesta quando a atitude que a gerou é tomada com muita freqüência ou quando essa atitude é predominante na vida do indivíduo. Portanto, não é sempre que um comportamento inadequado causa transtornos no corpo físico.

Diante da doença, para não nos equivocarmos, primeiro é preciso identificar o órgão acometido e depois procurar a causa comportamental; o procedimento inverso não é recomendável, pois estará sujeito a erros de avaliação. A doença é uma oportunidade para que a pessoa tome consciência dos aspectos de sua personalidade que precisam ser aperfeiçoados. Os casos que aqui apresentamos não esgotam o assunto. Nem todos os órgãos do corpo serão exemplificados. Estes podem ser estudados separadamente pelo estudante. Para isso, ele deve procurar conhecer qual é a função do órgão adoentado e deduzir quais as atitudes que poderiam comprometê-lo e quais poderiam favorecer a cura.

História Número 1

Relato:
Há mais ou menos dois anos, venho traindo o meu namorado. Gosto dele, mas tenho necessidade de ter relações sexuais com outros homens. Minha vida com ele é uma constante enganação, estou sempre inventando desculpas para não vê-lo. As desculpas precisam ser cada vez mais complexas para que ele se convença. Além disso, preciso armar também um esquema na minha casa para que meus familiares não entrem em contradição se, porventura, meu namorado procurar por mim quando não estou. Tenho medo de ser descoberta e por isso vivo aflita.

Setor acometido:
Rim.

Doenças e sintomas desenvolvidos:
Infecção renal. Infecções urinárias recorrentes. Ardência ao urinar em todas as micções durante longo período.

Comentário:
Este caso é especialmente interessante. Quando esclarecemos à paciente que seus sintomas estavam relacionados com sua hipocrisia, com sua traição, e que se ela tivesse a intenção de se curar precisaria resolver a sua vida, precisaria passar a limpo a mentira que se tornou a sua relação afetiva, ela lembrou um fato curioso. Durante todo o período dos sintomas, as micções foram especialmente desagradáveis, provocando a sensação de ardor, exceto em uma única vez. Curiosamente, nesse mesmo dia ela havia começado a tentar contar sobre suas infidelidades ao seu namorado. No dia seguinte, porém, voltou atrás.

Observação:
Nem todas as pessoas que são infiéis terão problemas urinários, mas terão essa tendência. Além disso, a infidelidade pode estar associada a outros comportamentos que, em seu conjunto, venham a provocar doenças em outro órgão que expresse melhor ainda a atitude desarmoniosa. O que podemos afirmar é que, se houve comprometimento urinário, é sinal de que a pessoa precisa reavaliar sua conduta, procurando "limpá-la".

História Número 2

Relato:
Sou extremamente preocupada com todas as pessoas da minha família. Procuro estar sempre atenta às necessidades delas. Cuido para que nada lhes falte, para que não se preocupem, para que não percam a hora de tomar os medicamentos, para que paguem em dia as contas. Tenho de ser certinha para que ninguém me chame a atenção.
Sou muito independente, não gosto de depender de ninguém para nada. A maior preocupação da minha vida foi me tornar independente financeiramente. Não gosto de ficar devendo favor a ninguém para depois não ser cobrada. Fico indignada se alguém me cobra alguma coisa, mas não falo nada, guardo a raiva para mim.
Tenho dificuldade de me relacionar com as pessoas, de me abrir para os outros. Não confio nos outros. Me irrito com meus funcionários, principalmente com os incompetentes, pois exijo perfeição. Sou muito exigente com eles. Também sou exigente com os poucos amigos que tenho, quero-os só para mim, não gosto que eles saiam com outras pessoas.

Setor acometido:
Mama.

Doença e sintomas desenvolvidos:
Câncer.

Comentário:
Podemos perceber como essa pessoa está isolada das outras. Vemos claramente que a sua atitude está sempre fazendo com que os outros se afastem dela. Mesmo quando se preocupa para

CASOS CLÍNICOS   71

que nada falte aos familiares, o que ela objetiva é o conforto material de forma exagerada. Ela providencia alimentos, medicamentos, roupas, e não se preocupa em dar-lhes carinho e afeto. Ela só se preocupa com coisas que, aos olhos dela, eles precisam, e não com o que eles próprios querem ou necessitam. Sua dificuldade em demonstrar afeto faz com que ela se preocupe apenas com o lado material da vida, o que a torna perfeccionista e exigente com todos. Sua desconfiança a afasta ainda mais das pessoas. Enfim, sua maior dificuldade é não conseguir dar e receber.
Ela não oferece o "leite que dá vida" às pessoas.

História Número 3

Relato:

Quero ser perfeita, não posso errar, não posso deixar que ninguém chame a minha atenção, de jeito nenhum. Fico me xingando se cometo um equívoco; dificilmente me perdôo nesses casos. Essa necessidade de perfeição me obriga a estar sempre muito atenta, para não errar. Tenho medo de me expor ao ridículo, de ficar vulnerável às pessoas.

Tenho necessidade de ser reconhecida pelas pessoas, talvez por isso precise ser perfeita. Minha casa precisa estar limpíssima e muito arrumada. Tenho o mesmo rigor com a minha aparência. Sou extremamente rigorosa comigo e com os outros. Cobro os compromissos que as pessoas assumem comigo.

Tenho muita expectativa com relação às pessoas e por isso me decepciono muito com elas; me decepciono se são fracas, traidoras ou de caráter duvidoso. Não suporto quando falo alguma coisa e a pessoa não me entende.

Setor acometido:
Pele.

Doença e sintomas desenvolvidos:
Psoríase.
Obs.: Psoríase é uma grave doença de pele que pode atingir grandes extensões do corpo. A pele fica com uma aparência descamante, assemelhando-se às escamas de peixe.

Comentário:
O extremo rigor, a exigência e a vaidade dessa pessoa são claros. Curiosamente, ela desenvolveu uma doença na parte normalmente exposta da pele que lhe impede de ter uma aparência agradável e limpa. E isso não aconteceu, evidentemente, por acaso.

História Número 4

Relato:
Sou muito preocupada com minha aparência, estou sempre diante do espelho me admirando, mas não me importo com o que os outros vão pensar de mim.

CASOS CLÍNICOS 73

Sou intolerante com os outros; se tenho a minha opinião, ela está certa, e caso encerrado.
Sou muito desorganizada, minha casa é uma bagunça.

Setor acometido:
Pele.

Doença e sintomas desenvolvidos:
Eczema nos pés.

Comentário:
Esse caso é interessante porque o sintoma desenvolveu-se na pele de uma região que não fica exposta. Isso pode ser explicado pelo fato de a pessoa em questão não estar preocupada com a opinião dos outros sobre sua aparência. O local resguardado da doença só serve para que a pessoa fique insatisfeita com ela própria, se conscientize da pouca importância da aparência física.

Sua rigidez com os outros também contribui decisivamente para o eczema.

É interessante notar a diferença entre esse caso e a história número 3, pois, na primeira, a pessoa apresentou o sintoma em uma área visível do corpo, devido à sua preocupação com a opinião dos outros.

História Número 5

Relato:
Tenho fome de conhecimento, mas o mundo é uma mediocridade. Tenho dificuldade para encontrar alguém que seja capaz de me ensinar alguma coisa. Os valores morais estão perdidos, a sociedade está corrompida. Não suporto a vulgaridade. Desprezo as pessoas medíocres, sou irônico e debocho delas, o que me causa grandes problemas, pois são exatamente estas que sobem na empresa e se tornam meus chefes. Isso me magoa profundamente; carrego um profundo ressentimento. Sinto grande raiva da sociedade. Também fico ressentido com os amigos e familiares quando me prejudicam.

Setor acometido:
Aparelho gastrointestinal.

Doença e sintomas desenvolvidos:
Doença de Chron.
Obs.: A Doença de Chron é uma grave doença que atinge o intestino. Um dos seus principais sintomas é uma diarréia crônica debilitante.

Comentário:
Nesse caso encontramos vários aspectos que prejudicam a função intestinal, ou seja, a intolerância, a insatisfação com tudo, a dificuldade de apreender os ensinamentos que a vida lhe oferece e o ressentimento. Como a pessoa não "absorve" harmoniosamente os fatos da vida, seu intestino não absorve os alimentos, e ela tem uma diarréia crônica.

História Número 6

Relato:
Não sei ficar quieta, sentada, tenho que estar sempre fazendo alguma coisa, me movimentando. Estou sempre arrumando e arrumando novamente as coisas. Não suporto ver as coisas fora do lugar, mas isso é uma paranóia para mim, pois acabo não conseguindo fazer outras coisas que, na maioria das vezes, são mais importantes. Acabo perdendo tempo.

Setor acometido:
Fígado.

Doença e sintomas desenvolvidos:
Hepatite crônica.

Comentário:
O fígado requer uma grande organização para executar suas inúmeras tarefas. Apesar de a pessoa dessa história estar sempre ativa, sua atividade é desordenada e improdutiva, o que prejudica o fígado.

História Número 7

Relato:
Sempre sofro calada, não reajo, suporto as dores do mundo desde a minha infância. Sempre fui submissa, aceito tudo o que fazem comigo. As pessoas podem ser grosseiras comigo que não falo nada, me tranco no quarto e deixo de falar com elas por algum tempo. Tenho medo de perder a minha filha, tenho pavor de que ocorra alguma coisa com ela, começo a chorar quando ela se atrasa. Fico esperando por ela no portão de casa. Sou apegada às minhas roupas, só visto as roupas mais velhas. Minha filha precisa insistir para que eu use uma roupa nova, e mesmo assim, só concordo quando a velha já está rasgada, acabada. Não peço ajuda a ninguém, tenho muita vergonha se faço alguma besteira ou se dou trabalho aos outros. Eu antigamente estava sempre ajudando os outros, mas depois desisti e parei.

Setor acometido:
Articulações.

Doenças e sintomas desenvolvidos:
Artrite e artrose.

Comentário:
Sua insegurança e instabilidade são bem evidentes. Além disso, ela desistiu de ajudar os outros por dificuldades pessoais. Deixou de dar a colaboração a que estava acostumada. Sua imobilidade prejudicou suas articulações.

História Número 8

Relato:
Sou muito inteligente. Tenho sempre que dar a minha opinião em tudo o que está sendo discutido pelas pessoas. Tenho dificuldade em aceitar as opiniões dos outros, pois sempre acho que a minha é melhor. Dificilmente alguém consegue desenvolver um trabalho melhor do que o meu.

Setor acometido:
Músculos.

Doença e sintomas desenvolvidos:
Miastenia gravis.
Obs.: Essa doença se caracteriza por um enfraquecimento muscular que leva à imobilização do corpo. A morte ocorre por sufocamento, quando o diafragma paralisa.

Comentário:
 A vaidade, nesse caso, está relacionada com a capacidade que essa pessoa acredita que tem. A doença muscular e a incapacitação que ela provoca podem ajudar a pessoa a perceber que a vaidade causa uma estagnação no crescimento, que os verdadeiros gênios sempre dizem que sabem pouco e que a colaboração do grupo é vital para o aperfeiçoamento de todos.
 Houve um caso semelhante que podemos citar aqui e que ilustra perfeitamente a causa de uma enfermidade na musculatura. Apesar de não termos tratado da pessoa em questão, pode-

mos descrever esse caso, pois ele foi amplamente divulgado pelos meios de comunicação há algum tempo. Tratava-se de um grande desportista de renome internacional. Sua vaidade intelectual era notória, o que gerava dificuldades de relacionamento. Ele desenvolveu uma grave doença muscular incapacitante que quase o matou. No auge dos sintomas, ele relatou ter vivido uma experiência mística que lhe tocou profundamente. A doença começou a regredir, até que ele se curou. Sua vida transformou-se radicalmente, e ele foi tomado por um grande sentimento de gratidão pela oportunidade de amadurecimento que a vida lhe proporcionou.

História Número 9

Relato:
Estou sempre em dificuldades financeiras; sou roubado pela sociedade, sou explorado. As pessoas estão sempre querendo me enganar. Estou sempre tentando ganhar mais dinheiro.
Tenho necessidade de ver a minha poupança crescer.
  Sou infiel nas minhas relações afetivas.
  Sinto-me rejeitado pela vida e pelas pessoas.

Setor acometido:
Sangue.

Doença e sintomas desenvolvidos:
Policitemia.
Obs.: Doença que se caracteriza por um aumento exagerado dos glóbulos vermelhos do sangue.

CASOS CLÍNICOS 79

Comentário:
Durante o relato desse paciente, pudemos perceber que ele também não reconhecia a ajuda material que as pessoas lhe prestavam. Havia ingratidão no seu coração. Seu hábito de rejeitar as pessoas e a vida o levou a querer acumular bens materiais e bens afetivos, o que gerou muito sofrimento nas pessoas com quem convivia.
 O sangue é o responsável pela distribuição das "riquezas"; nessa pessoa, a busca pelo acúmulo de bens tanto materiais quanto afetivos, e o egoísmo, levaram-na também a acumular glóbulos vermelhos e a adoecer.

✤

História Número 10

Relato:
 Sou viciado em drogas, quaisquer que sejam, sob qualquer forma de administração.
 Sou viciado em sexo também, freqüento locais onde conheço várias pessoas dispostas a aceitar minhas propostas quase que diariamente.

Setor acometido:
Sistema imunológico.

Doença e sintomas desenvolvidos:
Deficiência imunológica.

Comentário:
É necessário cautela na avaliação dessa história. Ela é um exemplo extremo, exagerado, mas verdadeiro.

História Número 11

Relato:
Odeio as pessoas com quem trabalho, desprezo os meus subordinados. Fico uma fera se a secretária não recebe ou não transmite um recado decentemente. Percebi que adoro descobrir defeitos nos outros. Não admito que os outros errem e quero ser a melhor de todos.
Eu me pego mentindo freqüentemente. Sou infiel. E desonesta.
Não sou nem um pouco humilde, mas a doença me fez sentir culpada por ter agido assim. Quando criança, me sentia especial e me considerava especial onde chegasse. Tinha raiva se alguém estivesse se destacando mais do que eu e tramava algo contra ela. Eu liderava, tinha e tenho grande poder sobre as pessoas.

Setor acometido:
Glândula endócrina.

Doença e sintomas desenvolvidos:
Câncer de hipófise.

CASOS CLÍNICOS 81

Comentário:
A dificuldade com relação a si própria resultou em uma relação desintegradora com as outras pessoas. Seu espírito autoritário gerou grande sofrimento e conflito.
É interessante observar que a doença já começa a lhe despertar a consciência, fazendo com que ela tenha sentimentos de culpa. Isso é sinal de que ela começa a reavaliar sua conduta.

História Número 12

Relato:
Sou muito ciumenta, quero que minha mãe fique comigo o tempo todo, tenho medo de ficar sozinha ou que ela arrume um namorado. Fico toda hora telefonando para seu trabalho para falar com ela e pedir que volte logo.

Setor acometido:
Pulmões.

Doença e sintomas desenvolvidos:
Asma brônquica.

Comentário:
O "sufocamento" que essa criança impõe à sua mãe faz com que seus pulmões também sejam sufocados.

História Número 13

Relato:
Sou muito exigente e rigorosa comigo mesma e com os outros. Não permito intimidades ou brincadeiras comigo. Ser contrariada pelas pessoas me aborrece profundamente; não suporto ser criticada, também não tolero ser elogiada. Não aceito que os outros queiram impor sua maneira de pensar; desprezo as idéias das pessoas.
Não sei pedir desculpas.
Sou rebelde porque tenho necessidade de me sentir livre.
Recentemente, tive uma crise de falta de ar depois de ter recebido visitas na minha casa.

Setor acometido:
Pulmões.

Doença e sintomas desenvolvidos:
Tuberculose Pulmonar.

Comentário:
Esse é um caso marcado pela dificuldade no relacionamento. Seu criticismo e rigidez são marcantes. O caso é particularmente ilustrativo pelo fato de ela ter sido acometida por uma crise respiratória após ter recebido visitas em casa. Sabemos que o pulmão é o hospedeiro do ar que respiramos, o que nos exige uma atitude hospitaleira.

Temos muitos casos semelhantes em que os pacientes desenvolveram doenças cardíacas. Não por acaso, as atitudes que

CASOS CLÍNICOS

listamos tanto para o pulmão quanto para o coração são semelhantes.

História Número 14

Relato:
Eu me sinto muito solitária e rejeitada pelas pessoas. Esse sofrimento me faz buscar a companhia delas. Para conseguir estar sempre com alguém, com um namorado, por exemplo, uso muito a minha capacidade de sedução.

Setor acometido:
Útero.

Doenças e sintomas desenvolvidos:
Miomas uterinos.

Comentário:
Percebemos claramente, nesse caso, a tentativa de dominar o outro por meio do atrativo sexual.

História Número 15

Relato da esposa:
Ele sempre foi muito frio comigo e com nossos filhos. Agia formalmente conosco, raramente demonstrava algum sentimento. Sempre foi muito duro com os filhos, castigando-os severamente sempre que não cumpriam suas determinações. Sua secretária também se queixava de que ele agia da mesma forma no trabalho. Dizia que ele não tolerava equívocos e que tratava friamente a todos.

Setor acometido:
Coração.

Doença e sintomas desenvolvidos:
Infarto do miocárdio.

Comentário:
Freqüentemente ouvimos dizer que o stress da vida cotidiana é um dos principais responsáveis pela doença coronariana, causadora do infarto do miocárdio. Mas esse caso indica que o stress também faz com que o indivíduo se torne insensível com seus semelhantes, que se esqueça da compaixão e da compreensão pelas pessoas à sua volta.

Fatores Determinantes para o Desenvolvimento das Doenças

Vimos a importância de nossas atitudes no surgimento das enfermidades. Tradicionalmente, sabemos que dois outros fatores — a hereditariedade e a higiene — são predisponentes das doenças. Normalmente, tendemos a acreditar que adoecemos porque contraímos um vírus, uma bactéria, porque nos intoxicamos com substâncias ditas cancerígenas, ou porque temos predisposição genética para determinada doença. Essa idéia nos isenta de culpa, pois não podemos evitar essas contaminações ou tais heranças.

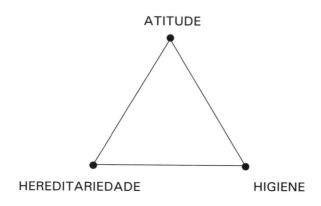

Esquema 1

Além disso, se não temos culpa, ou melhor, se não achamos que temos alguma participação no processo de adoecer, o profissional de saúde será o único responsável pela nossa cura, prescrevendo-nos tratamentos e medicamentos adequados ou não.

Propomos neste trabalho um redimensionamento dos fatores determinantes das enfermidades, a partir da associação destes três aspectos abordados: atitude, higiene e hereditariedade.

O esquema 1 nos oferece uma imagem clara desse redimensionamento.

Até aqui só estudamos as atitudes que causam o adoecimento de determinados órgãos.

A hereditariedade, conceito bem conhecido, é determinada pelo código genético. Dentro do código genético está todo o potencial para a formação normal ou patológica do corpo. As doenças provocadas por anormalidades no código genético podem advir da herança dos pais ou de mutações genéticas ocorridas durante o desenvolvimento do novo ser.

O potencial genético também determina a vulnerabilidade/ resistência dos órgãos. É possível que o indivíduo adote hábitos inadequados com relação à higiene de um determinado setor do corpo, e este não venha a adoecer por ser resistente geneticamente. O mesmo ocorre com relação à atitude. Já vimos que uma mesma atitude pode provocar enfermidades em órgãos diferentes. Portanto, pode-se concluir que o órgão atingido é possivelmente mais fraco em potencial genético.

O conceito de higiene pode ser muito amplo, conforme podemos observar no quadro a seguir:

Por meio do triângulo, é possível perceber que os três componentes têm a mesma importância para o desenvolvimento das doenças. É interessante observar que o fator hereditariedade não pode ser alterado; trata-se de um potencial determinado quando ocorre a fertilização. Porém, tanto a higiene quanto a atitude podem e devem ser transformadas, para que nos curemos.

HIGIENE

CUIDADOS COM O CORPO		TRATAMENTOS MÉDICOS	
HÁBITOS SALUTARES	LIMPEZA	CLÍNICO	CIRÚRGICO
ATIVIDADES FÍSICAS SAUDÁVEIS / ORDENAMENTO AMBIENTAL	EXTERNA (ASSEIO BANHO) / INTERNA (ALIMENTAÇÃO)	TERAPÊUTICO / MEDICAMENTOSO	

Esquema 2

A atitude foi intencionalmente disposta no vértice superior do triângulo porque, além de representar novos conceitos, é a área em que temos mais resistência para nos modificar. Também é o único setor que depende exclusivamente de nós, que pode ser transformado pela nossa vontade, no qual podemos atuar, mesmo sem ajuda do mundo exterior.

O triângulo nos leva também a redimensionar o papel dos agentes terapêuticos e dos tratamentos médicos, na evolução de nossas doenças. A tendência que temos de acreditar que somente o tratamento vai nos curar gera distorções significativas. A maior delas ocorre quando creditamos ao tratamento e ao profissional de saúde todos os méritos, ao nos livrarmos de alguma doença. Essa é uma atitude cômoda e perigosa. Cômoda, pois nos isenta de qualquer esforço pessoal para nos transformarmos, dispensa a nossa reflexão acerca das atitudes prejudiciais que tomamos na vida. Perigosa, pois nos coloca inteiramente nas mãos de outras pessoas a quem não podemos controlar, ou seja, ficamos dependentes da capacidade de médicos, enfermeiros, nutricionistas e da qualidade de suas terapias, sejam elas boas ou ruins, arriscadas ou seguras, honestas ou interesseiras, com ou sem efeitos colaterais, rudimentares ou avançadas.

Com essa nova proposta, os tratamentos e os medicamentos, assim como os hábitos salutares, continuam sendo importantes, mas agora passam a ser componentes de um enfoque ampliado. Podemos então perceber que somos, em grande parte, responsáveis pela cura de nossos males.

Apresentamos a seguir um segundo esquema:

Esquema 3

A atitude, a hereditariedade e a higiene são fatores determinantes das enfermidades. Mas existe um quarto aspecto, que não é determinante, mas desencadeante. Esse quarto fator é o tempo. A interrogação do esquema tanto indica um questionamento quanto simboliza o mistério que envolve o desencadeamento de uma doença. O momento em que a doença surge é misterioso para nós. Mas com certeza esse quarto fator deve ter uma importância tão grande quanto os outros três. Sabemos que a doença é uma oportunidade de evoluir. Por conseguinte, acreditamos que as manifestações clínicas devem surgir quando o indivíduo está preparado para aproveitar o estímulo que a doença proporciona para a reflexão. Quanto mais grave a enfermidade, mais profunda será a reflexão necessária.

O esquema 1 nos revela que a Medicina atua em duas frentes: na genética e na higiene. Isso nos faz acreditar que, em algum momento, a Ciência encontrará um tratamento eficaz para o câncer ou uma vacina para a AIDS. No entanto, isso não significa que a Medicina poderá curar o indivíduo que está ou já esteve acometido de câncer; ou poderá curar o indivíduo que está com AIDS, pois ela não leva em consideração a atitude dos pacientes ao preconizar seus tratamentos.

Acreditamos que a cura é um processo individual, íntimo, que envolve potenciais interiores e que culmina com a mudança de atitude. Não acreditamos que a descoberta de um tratamento eficaz para alguma doença ainda incurável seja determinante da cura das pessoas doentes.

A cura plena é alcançada quando reunimos em nós todas as atitudes que favoreçam o bom funcionamento de todos os órgãos.

Considerando que o corpo físico é a expressão do indivíduo no plano físico, e que o corpo físico é um microcosmo, concluímos que a listagem das atitudes prejudiciais a todos os setores do corpo provavelmente corresponde ao conjunto total das características negativas da humanidade, o macrocosmo. Da mesma forma, todas as atitudes que favoreçam o bom funcionamento dos órgãos devem corresponder ao conjunto das características positivas: as virtudes humanas. Se alguma característica não estiver presente na listagem oferecida, ela deve ser acrescentada pelo leitor no devido local, pois certamente complementará o estudo.

A análise das virtudes humanas, reconhecidas a partir da observação do funcionamento das células, evidencia o que somos em potencial: seres unificados entre si, que precisam cooperar uns com os outros.

A meta da perfeição nos conduzirá para o desenvolvimento de todas as virtudes humanas.

Reuniremos aqui todas as atitudes que favorecem os órgãos que estudamos:

- Humildade. Flexibilidade. Segurança. Integridade. Não discriminação. (Pele)

- Humildade. Flexibilidade. Segurança. Dinamismo para o bem da coletividade. Determinação. (Músculos)

- Flexibilidade. Segurança. Dinamismo para o bem da coletividade. Determinação. (Ossos e articulações)

- Compreensão e compaixão. Interpretação positiva de todas as vivências. Otimismo. (Aparelho gastrointestinal)

- Honestidade. Sinceridade. Integridade. (Rim e vias urinárias)

- Distribuição e/ou troca das próprias "riquezas". Oferta. Unificação. Compreensão. Hospitalidade. Flexibilidade para harmonizar os opostos. (Pulmões e vias respiratórias)

- Amor. Compaixão. Altruísmo. Unificação. Doação em qualquer nível. (Coração e vasos sangüíneos)

- Distribuição das "riquezas". Doação e serviço, sempre de forma desinteressada. Unificação. Ordenação. (Sangue)

- Conduta ética, íntegra. Disciplina. Ordem e organização. Discernimento. Obediência com sabedoria. Atenção e concentração. Justiça. (Sistema imunológico)

- Dinamismo e execução de tarefas que visem ao bem comum. Disciplina e ordem. Determinação. (Fígado)

- Harmonia. Ponderação. Ética. Coerência. Liderança com autoridade e sabedoria. (Glândulas endócrinas)
- Harmonia. Ponderação. Ética. Coerência. Liderança com autoridade e sabedoria. (Sistema nervoso)
- Oferecimento do amor sem discriminação. Compreensão. Proteção. Desapego. (Mamas femininas)
- Uso da criatividade de forma altruísta. Desapego. Uso adequado da sexualidade. (Aparelho reprodutor)
- Neutralidade. Imparcialidade. (Órgão da visão)

Perguntas e Respostas

Neste capítulo, transcreveremos algumas perguntas que nos foram encaminhadas e que ilustram o tema que estamos desenvolvendo.

Pergunta:
Estamos percebendo que a doença é desenvolvida dentro de nós, que a atitude corrompida, aquela que nos afasta da unidade, do amor, da harmonia e da sintonia com o plano intuitivo é que produz a corrupção de nossas células e geram as doenças. Porém, como explicar o fato de conhecermos pessoas muito negativas, extremamente egoístas, que não desenvolvem doença alguma e gozam de plena saúde?

Resposta:
Essa é uma pergunta difícil de se responder, uma vez que envolve um terreno misterioso da vida que é o momento do surgimento de uma doença. Quando a doença se manifestará apesar de a estarmos estimulando a todo instante?
É possível afirmar que a desarmonia aumenta a suscetibilidade. A relação entre a atitude e o órgão que adoece foi pesquisada por meio da nossa experiência clínica, pela observação dos casos que nos foram apresentados. Portanto, a chave para o caso é a suscetibilidade. Podemos entender o aumento dessa suscetibilidade quando compreendemos o esquema apresentado no capítulo anterior, que relaciona a atitude, a hereditariedade e a higiene.
Se a pessoa adota atitudes prejudiciais a um determinado órgão, mas não tem hábitos anti-higiênicos e potencial genético para

adoecer naquele órgão, a tendência é que ela não tenha nenhuma doença nesse órgão. Podemos utilizar o tabagismo como exemplo. Já está mais do que comprovado que o fumo é causador de inúmeras enfermidades; talvez ele seja o maior veneno consumido normalmente pelas pessoas e, apesar disso, conhecemos pessoas idosas que fumaram por longos períodos da vida e que gozam de boa saúde. Isso pode ocorrer porque esse indivíduo não pratica atitudes prejudiciais para os tecidos do corpo que podem ser afetados pelo fumo e também porque deve ter uma herança familiar favorável com relação a esses tecidos. Poderíamos também tentar explicar o momento em que a doença se manifesta de uma outra forma. Já estudamos que as enfermidades são uma ótima oportunidade para o indivíduo amadurecer em consciência, para a reflexão, para que ele possa rever o seu comportamento e se aperfeiçoar. O aperfeiçoamento requer preparo, exige que a pessoa tenha potencial para aproveitar os avanços que podem ser proporcionados à consciência. Portanto, se o indivíduo não está pronto, se ele não está apto a executar as transformações que os transtornos físicos podem lhe oferecer, ele também não está preparado para contrair uma doença. Seria uma oportunidade de crescimento desperdiçada.

Vejamos o exemplo da lepra. Por ser uma doença de pele, a lepra é ideal para que possamos transformar a nossa vaidade. É difícil imaginar um sintoma mais adequado para que possamos aprender que a vaidade é desnecessária e prejudicial a uma convivência mais harmoniosa com o grupo. Porém, se não estamos prontos para compreender esse ensinamento, a enfermidade torna-se inútil, torturante, e não acreditamos que a vida queira nos torturar.

Pergunta:
Já entendemos o mecanismo do adoecimento por meio das atitudes. Nesse caso, por que os animais adoecem?

Resposta:
Os animais também sofrem e também reagem ao sofrimento com atitudes desarmoniosas. Eles se ressentem, se magoam, ficam com ciúmes, se vingam. Esse comportamento é conhecido daqueles que têm animais domésticos. Grande parte desse comportamento animal é transmitido pelo homem. É o homem que os contagia com seus recalques e frustrações. Como exemplo, podemos relatar o caso clássico de pessoas que por se sentirem solitárias e rejeitadas adquirem um cãozinho para lhes fazer companhia. Com o tempo, a relação entre eles pode se tornar um apego doentio e gerar sofrimento quando um se separa do outro.

Quanto mais próximo o animal está do homem, mais ele se contagia com esses maus hábitos humanos e mais tende a adoecer. Nós temos muitas dívidas com o reino animal.

Acreditamos que uma parcela da dívida pode ser resgatada quando tratamos os bichos com a homeopatia. Quando Samuel Hahnemann começou seus estudos sobre a homeopatia, ele estava revolucionando a ciência de uma forma geral e a medicina em particular. Dentre os princípios que ele nos apresentou, gostaríamos de destacar o seguinte: "experimentação no homem são". Trata-se de um conceito que vem, no nosso entendimento atual, resgatar grande parte do imenso débito que o homem tem para com os animais.

A história sobre a descoberta da homeopatia por Hahnemann já é muito conhecida, porém farei apenas um breve relato para poder fazer algumas análises.

Em fins do século XVIII, o médico alemão Samuel Hahnemann realizava também trabalhos de tradução de artigos médicos. Enquanto traduzia um artigo de Cullen, sobre um medicamento chamado *China*, algo lhe chamou a atenção. O quadro de intoxicação causado em uma pessoa que ingere esse medicamento era febre, sudorese, calafrios, etc. Esses mesmos sintomas surgiam em pessoas que adquiriam malária, doença tratada tradicionalmente com *China*. Percebendo a relação entre os sintomas da intoxicação e os sintomas da doença, Hahnemann associou a observação feita com o ensinamento de Hipócrates: *Similia Similibus Curentur*, ou seja, a cura pelo semelhante. Para confirmar, ele experimentou a mesma droga em si mesmo e obteve os mesmos resultados descritos por Cullen. Ao perceber a potencialidade de tal método, resolveu ampliar o seu estudo, experimentando outras substâncias. Hahnemann anotava criteriosamente todos os sintomas que surgiam nas pessoas a partir de cada substância que elas experimentavam. Começou então a aplicar o medicamento nas pessoas doentes e cujos sintomas eram semelhantes aos provocados pelo medicamento que ele experimentara nas pessoas sadias. Os resultados foram surpreendentes. E eram ainda melhores quando o sintoma do doente era semelhante ao relatado na experimentação com o indivíduo sadio. A partir daí, não era suficiente saber que o doente estava com febre; era preciso saber de que tipo de febre se tratava: se ela fazia transpirar ou não, se provocava sede ou não, em que horário ocorria, se desencadeava algum tipo de emoção ou não, etc. Essa linha de pensamento continha outra chave. A mesma doença apresentava sintomas particulares dependendo da pessoa. E essa diferença é vital para se determinar qual o melhor tratamento homeopático. Em homeopatia, trata-se o indivíduo que está doente e não a doença do indivíduo; logo, pessoas com a mesma doença são tratadas com medicamentos diferentes, dependendo de suas particularidades.

Durante todos esses anos, Hahnemann deixou milhares de seguidores, e muitos deles continuaram as experimentações de substâncias, enriquecendo cada vez mais a Matéria Médica Homeopática, em que todos os medicamentos pesquisados foram registrados.

Agora, gostaríamos de voltar ao tema "experimentação no homem são". Esse foi um princípio elaborado por Hahnemann, em função da necessidade de conhecer as potencialidades de cada substância que pudesse ser medicamentosa. Eis aqui um princípio inspirado. Todo o conhecimento científico da homeopatia é obtido através de experiências feitas em seres humanos e não usa animais como cobaias. E o que é mais fantástico é que, ao se tratar um animal com homeopatia, a relação se inverte: é o animal que passa a se beneficiar de experiências feitas no homem. Agora o homem é a cobaia.

Quanto sofrimento o homem vem impondo a esse reino!

Na faculdade, participamos de aulas onde animais são sacrificados apenas para mostrar detalhes insignificantes, como reflexos musculares ou sensibilidades neurológicas, coisas que estavam bem explicadas nos livros. Não é preciso levar sofrimento a nenhum ser vivo só para mostrar algo mais do que provado.

Atualmente, animais são usados em experiências consideradas "a vanguarda da ciência biológica", que é a engenharia genética. Perigos inimagináveis estão por trás desse caminho, pois como já foi dito "tecnologia sem amor, sem compaixão, é igual a aniquilamento". Além disso, consideramos que falta à Ciência um ingrediente chamado humildade, pois ela se intromete em campos que conhece pouquíssimo e não sabe os perigos que ali podem estar presentes.

Cooperação é uma das chaves para a ampliação da consciência. Portanto, seria fundamental que houvesse essa relação entre o reino animal e o "reino" humano. Uma das tarefas da humanidade é ajudar o reino animal a ascender na escala evolutiva. E em vez disso, o homem come os animais, trata-os como simples mercadoria, isso sem falar nas maldades praticadas. Uma das formas mais produtivas de fazer com que os animais evoluam é tratá-los não como animais, mas sim como se fossem seres humanos. Da mesma forma, deveria-se também tratar cada ser humano como o ser espiritual que é: perceber no outro a mesma essência divina que está dentro de nós. Isso elevaria o nível desses dois reinos e, é claro, de todo o planeta, pois os pontos que cada ser vivente adquire são somados em benefício de todos, abrem caminho para todos.

À luz dessa percepção, entende-se que o uso de medicamentos homeopáticos em animais traz um enorme benefício para o planeta, pelos seguintes motivos:

- É um tratamento humano, isto é, destinou-se originalmente ao homem. E, é importante não esquecer de que sua abordagem leva muito mais em consideração a busca do individual.

- É um tratamento cujas experiências científicas são realizadas no próprio homem e não, nos animais.

- É um tratamento que causa pouco sofrimento, sem medidas agressivas, efeitos colaterais, etc.

Olhando dessa forma, fica claro que uma boa parte do débito do homem para com o reino animal vai sendo resgatado com essa medicina. É como se cada vez que um animal fosse beneficiado, sendo aliviado de seu sofrimento através da homeopatia, um pontinho de débito fosse resgatado.

Grande é a misericórdia divina para aqueles que vêem. Misericórdia que nos oferta oportunidades de resgate, na mesma proporção do descaminho trilhado.

Pergunta:

Gostaria muito de realizar o meu trabalho na loja da melhor forma possível, o que implica em gerenciar pessoas e lidar com funcionários. Você escreveu no livro *A Vida Dentro de Nós* que "expectativa e cobrança são ingredientes básicos para os conflitos entre seres humanos". Essa afirmação me fez refletir sobre qual a melhor forma de tratar os empregados. Ao delegar uma tarefa, como avaliar se ela foi corretamente executada? A própria dúvida em si, como sublinhei, já apresenta elementos de expectativa e de subjetividade. O ideal seria que cada componente da organização tivesse plena consciência de suas tarefas e da responsabilidade que sua correta execução teria para a operação como um todo. Mas, infelizmente, isso me parece muito difícil. E então? Que postura adotar? Executar minhas tarefas da melhor forma possível e não me importar em saber como as outras "células" estão executando as suas, não me parece garantir o bom funcionamento da loja. Isso significa, então, que não posso delegar tarefas, uma vez que não quero criar expectativas ou cobrar resultados? Meu pai sempre dizia: "Se quer uma coisa bem-feita, faça você mesmo". Como entender todas essas idéias?

Resposta:

Suas indagações sobre expectativa são extremamente pertinentes. Na sua própria carta já está uma das chaves para compreender melhor a expectativa quando você escreve "... o ideal seria que cada componente da organização tivesse plena consciência de suas tarefas...".

Quando as células não cobram das outras é porque conhecem a potencialidade delas. Essa seria uma situação ideal, a meta. Se as pessoas à sua volta não estão no nível de consciência adequado para a função que desenvolvem, é necessário que elas recebam orientação e treinamento, para que desenvolvam a consciência. Acreditamos que esse desenvolvimento requer que a pessoa queira fazer esse aperfeiçoamento, que ela perceba essa necessidade e que ela tenha potencial para receber as informações essenciais para esse crescimento. No corpo, todas as células têm a aspiração de servir. Acreditamos que não se consegue fazer surgir a aspiração por meio de treinamentos, mas podemos irradiar essa vibração através do nosso exemplo.

Não podemos nos esquecer de que aqueles que estão na frente, em termos de consciência, têm a responsabilidade de colaborar com o aprimoramento dos outros.

Falamos que não devemos ter expectativas, no entanto devemos ter em mente os nossos objetivos de forma clara. Em geral, queremos controlar os outros para exercer nosso poder sobre eles, isto é, temos objetivos egoístas, estamos pensando mais nos interesses pessoais do que nos grupais, e esse caminho gera um confronto inevitável. Porém, quando temos objetivos altruístas, a realidade é bem diferente. Se você objetivar a harmonia de todo o grupo de trabalho, terá mais facilidade para exercer a sua autoridade e para conseguir que as tarefas sejam mais bem executadas.

Não podemos nos esquecer de que é fundamental avaliar com precisão as nossas expectativas de produção. A perfeição que você imagina pode não ser a necessária para o trabalho em questão. E também não é produtivo fazer o trabalho do outro. É importante que cada um de nós reconheça a necessidade de fazer um trabalho bem-feito.

Reafirmamos que toda essa orientação pode ser dada com amor se for norteada pelo espírito altruísta e sincero de desejar o melhor para todos.

Pergunta:
E as crianças? Por que adoecem? E os recém-nascidos? Eles também se comportam desarmoniosamente?

Resposta:
Mantidas as proporções, as crianças não diferem dos adultos. Se as observarmos atentamente, perceberemos diferenças radicais em suas atitudes. Um adulto egoísta já devia estar manifestando essa tendência desde pequeno e, dessa forma, já poderia ter contraído a doença na infância. Existem crianças agressivas, possessivas, ciumentas; algumas são inseguras, indolentes, medrosas, outras são vingativas e ressentidas.

Mesmo os bebês têm comportamentos diferentes. Uns choram compulsivamente, outros choram baixinho, alguns não ficam tranqüilos sozinhos enquanto que outros mamam vorazmente. Nos perguntamos a razão de eles serem tão diferentes. Por que alguns são tão mais harmoniosos do que outros, mesmo no início da vida? A única explicação aceitável é que o desenvolvimento deles não começou ao nascerem, eles também têm um passado.

O que verdadeiramente importa é que eles adoecem, alguns gravemente, e que se isso ocorre é porque estão em desarmonia e, portanto, necessitam adoecer para também ter a oportunidade de se transformar. E não os subestimemos. O potencial de transformação de uma criança é bem maior do que o de um adulto. A inércia do adulto é muito maior. Por não terem o lado racional ainda desenvolvido, as crianças não têm tantos conceitos e preconceitos, que são obstáculos à transformação e à ampliação da consciência.

Os responsáveis podem ser de grande ajuda se quiserem participar da cura de seus pequenos enfermos. O local do corpo em que surgiu a doença mostra a atitude equivocada da criança. Sendo assim, os adultos podem identificar a atitude favorável correspondente àquele órgão e praticar esse comportamento em sua própria vida. A vibração que passarão a emitir com essa conduta poderá influenciar decisivamente até os bebês. As crianças maiores poderão também se beneficiar dessa vibração, além de poderem ser orientadas de forma mais objetiva.

Diante de uma criança com uma enfermidade no coração, por exemplo, devemos praticar o amor incondicional em nossa vida, para ajudá-la em sua cura.

PAZ
a todos os seres!

A VIDA
DENTRO DE NÓS

Uma compreensão da existência
por meio da observação das nossas células

Dr. Helio Holperin

Dentro de nós existe um universo tão perfeito em ordem e sabedoria quanto a vida cósmica; se observarmos bem o que se passa nas microscópicas células, notaremos que elas seguem o mesmo padrão de harmonia universal que rege as infinitas galáxias. É isso que este livrinho, com sua simplicidade, vem nos mostrar, convidando-nos a perceber melhor o que faz parte de nós.

Como fruto da experiência de um médico, este texto indica um caminho para uma vida de serviço, o que o próprio autor está descobrindo, na medida em que amplia sua atuação no trabalho altruísta de atendimento a necessitados em uma grande e conturbada cidade.

Que cada um encontre aqui seu ponto de contato com a Vida, presente no todo e em si.

Editora Pensamento